# 売れる「値上げ」

選ばれる商品は
値上げと同時に
何をしているのか

（株）YRK and
リブランディング
コンサルタント
深井賢一

青春出版社

# はじめに

「また値上げ」「相次ぐ値上げ」「今月の値上げ」……。

こうしたメディアの値上げ報道についてくるのが、「家計が不安だ」「できるだけ安いモノを選ぶようにしている」といった生活者の街頭インタビュー。

一方で目につくのが「価格据え置き」「この時期に値下げ！」といった流通小売業のチラシ。

日本は30年以上に及ぶデフレ環境によって、値上げに対する耐性が弱くなったのでしょう。「値上げは悪」、逆に「値下げは企業努力」といったイメージが刷り込まれているように感じます。

しかし、「原材料価格や物流費の高騰を受けて」と値上げ報道でも言っているように、値上げの原因はコスト上昇です。しかも、詳しくは本文で述べますが、原材料価格や物流費の上昇要因は、社会・環境問題とその対策にかかるものです。ですから、社会がこの先、劇的に良い方向に向かわない限り、上がることはあっても下がることはないのです。

売場に並ぶ商品には、サプライチェーンがあります。売場で値上げを我慢することは、サプライチェーンという血管をおさえて血流を止めることと同じで、サプライチェーンの一番弱いところで破裂します。それが一次産業や中小・零細企業、場合によっては原産国である途上国です。

かかったコストを吸収する価格で売らなければ、サプライチェーン全体に適正な利益が行き渡りません。

お店に行って、価格を据え置いた安い商品ばかりを選んで買っていると、巡り巡って自分の給料が上がらなかったり、家族の会社の業績が下がったりしてしまいます。経済とはそういうものです。

人や地球にやさしい商品・サービスを「ソーシャルプロダクツ」と呼んでいます。

商品やサービスを通じて、少しでも社会や環境の問題を解決していくことは、これからの時代に必須です。そして、いまの値上げの原因が、社会問題や環境問題とその対策にかかるコスト上昇であれば、そのコストは「社会問題に対する活動量」だと言い換えられるのです。

　であれば、それは単なるコスト上昇による値上げではなく、「価値」や「魅力」として伝えるべきなのです。

　本書では、そんなコスト上昇＝値上げを、上手に「付加価値」に変えて、企業・商品・サービスの「魅力」にした事例を紹介しています。ですから、ここで紹介している企業・商品・サービスは、すべて「ソーシャルプロダクツ」なのです。

　社会問題への活動量が、商品やサービスのコストだとすれば、そのコストは社会全体で負担していくべきです。その結果、企業も社会も人間も持続可能になります。そういう社会になることを願って本書を執筆しました。

2024年9月

深井賢一

目　次



## 第１章

# 「コスト上昇＝値上げ」を付加価値に変える、という発想

第２章

## 値上げをしても顧客が増えた！あの定番商品の戦略



第３章

## 「小さく」「不完全な」取り組みにこそ価値がある

第4章

## 自社商品の強みをきちんと「変換」できていますか？

第５章

# 多額の宣伝費をかけなくても、「ナカマとミカタ」で価値は広まる

第６章

# WHATよりもWHY！商品ではなくストーリーを売ろう

## 第7章

# いまどき、「モノ」より「参加」がプレミアム

第8章

# 業界・社会が抱える問題は付加価値になる

第9章

# 価値を生み出す原石は、すべての会社がもっている

## 終章

# 値上げを付加価値に変える7つのメソッド



## 特別寄稿



※本書のカバー・本文は、環境保全への継続的な取り組みが認められたISO14001取得の印刷会社によって、環境負荷の少ないベジタブルインキで印刷されたものです。
※本書のデータは特にことわり書きのないものは2024年9月25日現在のものです

企画協力／イー・プランニング
編集協力／合同会社菱田編集企画事務所
堀口真理
DTP・図版作成／イノウエプラス

# 第1章

# 「コスト上昇＝値上げ」を付加価値に変える、という発想

## コスト上昇・値上げの流れは止まらない

### ◎いま、あらゆる業種・業界で値上げラッシュが起きている

いま、日用品や食料品をはじめ、あらゆる業種・業界で値上げラッシュが起きています。

食品を例にとると、帝国データバンクの調査（「食品主要195社」価格改定動向調査・2024年8月）では、2022年は2万5768品目が値上げされ、値上げ率の平均が14％でした。2023年は3万2396品目が値上げされ、値上げ率の平均は15％。そして2024年の予想では値上げ品目数は1万1617品目と少なくなるものの、値上げ率の平均は17％と高くなると見られています。

食品だけではありません。飲料や日用品、衣料品、飲食店、さらに電気代やガソリン代、郵便代に至るまで、ありとあらゆる商品・サービスの値上げが続いています。まさに「値上げラッシュ」です。

なぜ、これほどまでの値上げラッシュになっているのでしょうか。

値上げの原因をひとつに特定するなら、間違いなく「コスト」の上昇です。

コスト上昇の要因

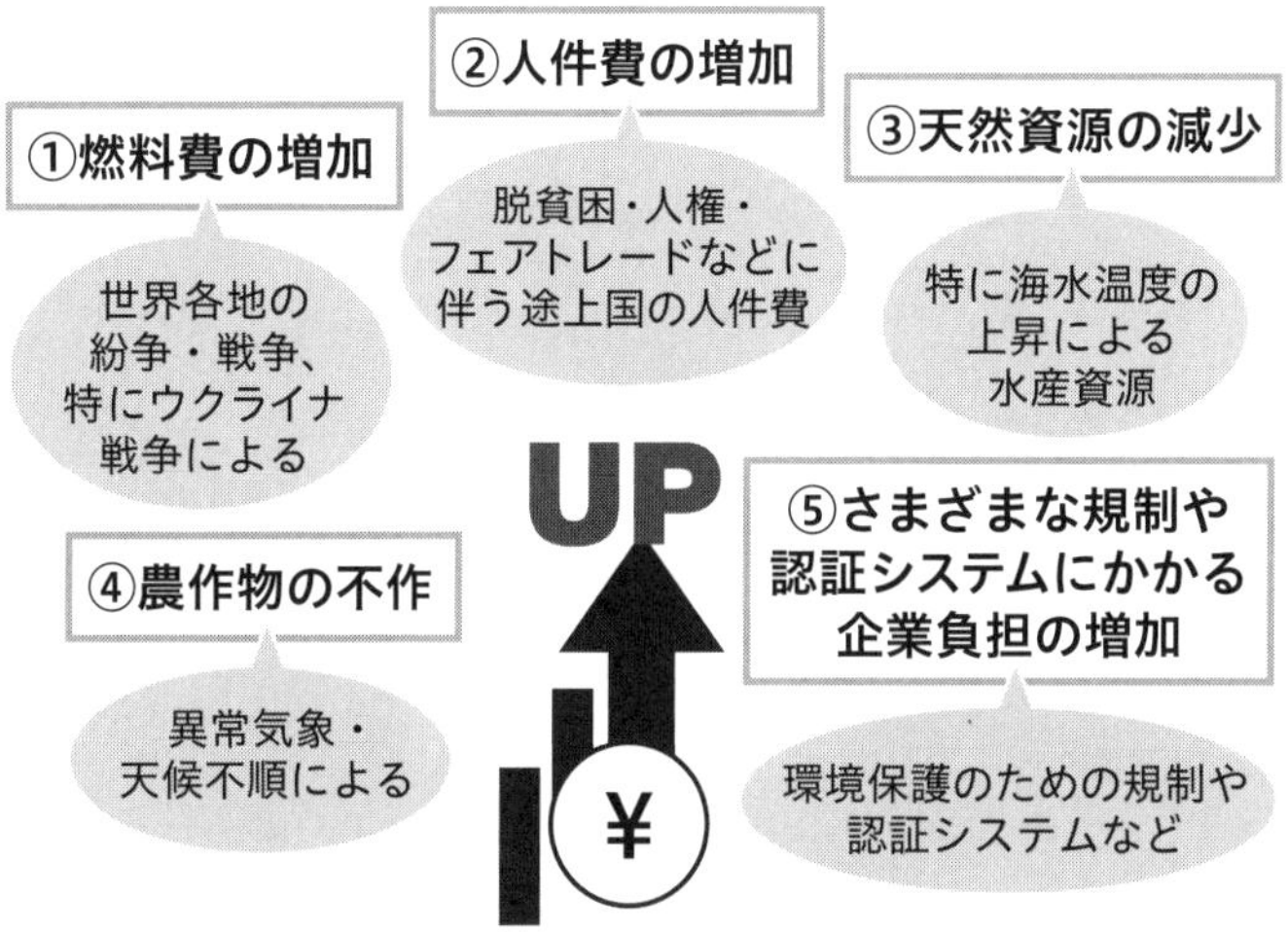
①燃料費の増加
世界各地の紛争・戦争、特にウクライナ戦争による
②人件費の増加
脱貧困・人権・フェアトレードなどに伴う途上国の人件費
③天然資源の減少
特に海水温度の上昇による水産資源
④農作物の不作
異常気象・天候不順による
⑤さまざまな規制や認証システムにかかる企業負担の増加
環境保護のための規制や認証システムなど
UP
¥

円安になれば、当然ながら海外に頼っている原材料やエネルギーのコストが上がります。もちろん、国内外の物流コストも上昇し、人件費コストも上昇します。

ありとあらゆる商品・サービスのコストが上昇することによって、企業としてはこれまでと同じ値段で販売すると、利益が上がらず、値上げせざるを得なくなっている。そんな厳しい現状に、皆さんは日々、向き合っていることでしょう。

## ◎「コストの上昇」の要因

コストの上昇の要因は大きく括《くく》ると、上図の5つに分類できます。

少し説明を加えましょう。

①燃料費の高騰の引き金となったのは、ロシアのウクライナ侵攻です。西側諸国がロシアに厳しい経済制裁を実施したため世界的なエネルギー供給バランスが崩れ、エネルギーコストが高騰しました。

その影響が日本にも及んでいます。政府は「電気・ガス価格激変緩和対策事業」として、一般家庭や企業への電気代・ガス代補助金を電気・ガス供給企業に交付しましたが、2024年6月以降は廃止されたため、電気・ガス料金が再び値上がりしています（2024年8〜10月の3ヵ月間は、電気・ガス補助金が復活）。

②人件費のアップは開発途上国で特に顕著です。

経済的に不利な地域における生産者や労働者の自立と生活水準向上を支援することが目的の「フェアトレード」は、公平・公正、適正価格による取引（貿易）を行うことですが、日本でも取り扱い品目はコーヒー、紅茶、カカオ豆、チョコレート、ハーブ・スパイス、果物やジャム等果物の加工品、ワイン、綿糸や綿製品などと徐々に増えています。

フェアトレード商品には現地労働者や生産者への適正な賃金や取引価格（コスト）が価格に織り込まれている分、高くなるのです。このことが途上国の人件費の増加に影響しています。

③天然資源の減少、特に水産資源（海水温度の上昇）や、④農作物不作（異常気象・天候不順）は食品業の原材料費の高騰に顕著に表れています。

木材価格の世界的な高騰は、ウッドショックとも言われています。

また、カーボンニュートラル（脱炭素社会）の実現やSDGs、環境に配慮した製品であることを認証する⑤環境認証マークなども、企業にとっては重要な対応事項ですが、コスト増を伴うものです。

これらの要因が複雑に交錯し、昨今の円安傾向や世界的な物流費の高騰も加わって、コスト上昇が社会問題となるほどに、企業活動や私たちの日常生活に大きな影響を及ぼしているのです。

## ◎ビジネスパーソンのほとんどは、「できれば値上げはしたくない」

コスト上昇は避けられない社会問題ですが、ビジネスにたずさわるほとんどの人は、消費者であるとともに、商品やサービスを製造・販売、提供するサプライヤーでもあります。

消費者であればいまの値上げラッシュは「たまったものではない」と思うでしょうが、サプライヤーとしても、たび重なる値上げによって商品やサービス、お店からお客さんが離れていってしまうのではないかと心配し、「できれば値上げはしたくない……」、皆に納得して喜んでもらえる価格で商品やサービスを提供したい」というのが、ほとんどの人の思いではないでしょうか。

しかし、コストの削減は限界にあります。国内では物価が長らく抑えられていたこともあり、これ以上、価格を維持したままコスト上昇分を企業側で吸収することはできない状況です。

自社内部の努力では立ちゆかず、コストの上昇が不可避となっているいま、それを切り抜けるには「値上げ」しかありません。

そこで大事なことは「どう値上げするか」です。

## ◎値上げに対するもっともな懸念

企業にとって何より怖いのは、顧客を失うこと。いったん離れた顧客は戻ってくることはなく、他社に移っていきます。

なんとか客離れを防ぐことはできないか。そのため、特売や割引などを行って「顧客引き留め策」を行う企業もあります。

それにより、一時的に顧客離れを食い止めることはできるかもしれません。しかし、特売時や割引時には買ってもらえても、それ以外のときには買ってもらえないとなれば、効果はきわめて限定的で、根本的な解決策にはなりません。

それなら頻繁に特売や割引をすればいいのでは……と思われるかもしれませんが、値上げせざるを得ない企業にとって、コスト吸収力は限界にきているはずで、そうそう頻繁にできるものではないでしょう。

それに、顧客の側にしてみれば、

「しょっちゅう特売や割引をするのは、値上げブームにあやかって便乗値上げしただけなのではないか」

と疑いたくもなります。

結果、信用を失い、かえってお客さんが離れてしまうことにもなりかねません。

# 価格・数で選ぶ顧客は、いずれ離れていく

## ◎3割の顧客は常に移ろう

もちろん、値上げによって一部の顧客は離れていきます。しかし、いくつかの調査で、値上げによって、ブランドや店舗、購入機会の変更をするかどうかを尋ねる問いに対して、「変更する」と回答した割合を見ると、商品・サービスの品目や種別にもよりますが、全体の平均ではおおむね30%台の数値が出ています（RJCリサーチ「お買い物に関する意識調査」2023年8月ほか）。

この「30%台」を多いと見るか少ないと見るかは、人によって解釈が分かれるところでしょう。しかし、仮にこの3割を「多い」と捉えて、価格維持あるいは値上げ幅を抑えて顧客を引き留めようとするのは、長い目で見れば無意味です。

## ◎価格で選ぶお客さんは「価格を購入している」

3割のお客さんを引き留めるには、必然的に「低価格競争」に巻き込まれることにな

りますが、そのような消耗戦を続けられるのは、ごく限られた体力のある大企業だけです。
そもそも「値上げされたら、安い価格の商品や店舗に乗り換える」お客さんは、言ってみれば「〝価格〟を購入している」わけです。

同様に、「同じ値段なら数量の多い商品を選ぶ」お客さんなら「〝数量〟を購入している」と言えるでしょう。

それが悪いと言っているのではありません。ただ、このようなお客さんは、ここで頑張って価格維持をしても、他社でより「低価格」の商品や「増量」した商品が発売されれば、おそらくそちらを選ぶでしょう。

要するに、いま引き止めたところで、いずれ離れていってしまう可能性が高いお客さんなのです。

そもそも、価格を安く抑えてお客さんを引き留められたとしても、コスト増の分だけ確実に利益は減少することになります。結果、自分たちの首を絞めることになるのです。

# どんな商品・サービスでも、差別化には限界が訪れる

## ◎「差別化」では対処できなくなっている

価格ではなく、「他社商品やサービスとの差別化ができれば、値上げしても買ってもらえる」という考え方があるかもしれません。

しかし、この考え方も通用しなくなりつつあります。差別化には限界があるからです。

差別化のわかりやすい例が「スペック（機能・性能・成分など）」です。これらは数値化できるカテゴリーで、その数値の大小によって他との違いをつけたり優位性を示したりして「差別化」を図っていました。

確かに、「明日は今日より、未来は現在より豊かになっている」右肩上がりの時代なら、数値で表される優位性が豊かさの象徴でもあり、それが価値になっていたでしょう。しかし、いまは世の中があまりにも便利になりすぎ、その便利さに必ずしもすべての人がつい

ていけているわけではない、便利さゆえの不便さすら感じられるような時代です。

例えば、いまのテレビには多様な機能がついており、リモコンも長さ20センチ以上もあったりしますが、そのリモコンボタンの全機能を使いこなせている人はどれくらいいるでしょうか？

パソコンの性能を表すＣＰＵだのメモリだのＨＤＤといったものの数値がもつ意味を十分に理解し、パソコンの性能を十分に使いこなせている人も少数派ではないでしょうか。

これまでの差別化の主流であった「新機能・新仕様を価値とした新商品・サービスを企画・開発して、そのコストを価格に転嫁して提供する」ことが難しくなっているのです。

## ◎小売業も「安・近・便・大」では差別化にならない

これは商品づくりだけでなく、サービスにおいても同じです。

かつて小売業界は「安・近・便・大」をウリにしていました。言い換えると、「安＝価格、近＝距離、便＝時間、大＝面積」で差別化していたということです。

大量に仕入れて販売すれば「安く」できます。お客さんの「身近」にあれば頻繁に通ってもらえるでしょう。長時間営業などでいつも開いていれば「便利」です。「大規模」であれば、テナントの数や品揃えが豊富になるため、お客さんはさまざまな商品を買いまわることができるので、集客力につながったのです。

しかし、この「安・近・便・大」の差別化も、ネット通販が普及し、差別化にならなくなりました。別の便利、有利な販売手法にとって代わられています。このように見ていくとわかるように、いまや商品・サービスの差別化には限界があるのです。

# 「コスト」の見方を変えると、チャンスが見えてくる

## ◎値上げをしてもお客さんが離れない戦略、お客さんがつく戦略とは何か

普通は商品・サービスの値段を上げると、離れていくお客さんがいるものです。いったん起きた客離れは他のお客さんに伝播する可能性もあり、やがて商品・サービスはもちろんのこと、それを提供する会社も衰退しかねません。現在はこの章の冒頭で述べたように、

あらゆる商品・サービスで値上げが当然のように行われています。

ところが、あらゆる商品・サービスで客離れが起きているかというと、そんなことはありません。「それは生活必需品だから」という理由で値上げしても買っている（買わざるを得ない）という理屈も成り立ちますが、生活必需品の中でも客離れが起きているものと、起きていないものとがあります。さらに、値上げをしたことによってむしろお客さんがつく、ファンが増える商品・サービスもあります。

この差は、いったいどこにあるのでしょうか？

## ◎ポイントは、値上げの要因＝「コスト」に対する見方を変えること

値上げをして顧客が離れる会社と離れない会社。その最も大きな違いは、「コスト」に対する見方の違いです。

コストとは、ある商品・サービスをお客さんに提供するまでにかかる原材料費や人件費のこと。これは間違いではありません。このコストを少しでも抑えれば、お客さんに商品・サービスを安く提供できます。

しかし、コスト上昇時代、それができない状況になっています。そこで、コストに対す

る見方を変える必要があるのです。

ここで、あらためてコスト上昇の要因を見てみましょう。

17ページの「コスト上昇」の主な要因を見返してみて、ひとつの共通点に気づかないでしょうか？　これらの要因の背景には、例外なく「社会問題」があります。

燃料費の高騰は、ウクライナ戦争をはじめとする世界各地の紛争・戦争が背景にあります。天然資源の高騰も、地球温暖化による気候変動と無関係ではないでしょう。貧困や格差の問題を解決するために一定のコストがかかることは、疑う余地がありません。

社会問題にかかるコストは「社会的コスト」と言えます。

社会問題が増大すればその分、コストは上がり、さらにそうした社会問題を解決するための取り組み・努力もコスト上昇の要因になります。ですから、コスト増や、コスト増を価格に転嫁する値上げは、「社会問題への活動量」と言うことができるのです。

逆に言うと、社会問題に起因するコスト高はすべて、その問題が解決しない限り、延々と続いていくということです。

先の未来を見据えても、地球や社会が現状よりよほど良い方向に向かわない限りは、社会問題に対峙《たいじ》し続けることになります。そしてその間にも、次々と新たな社会問題が発生

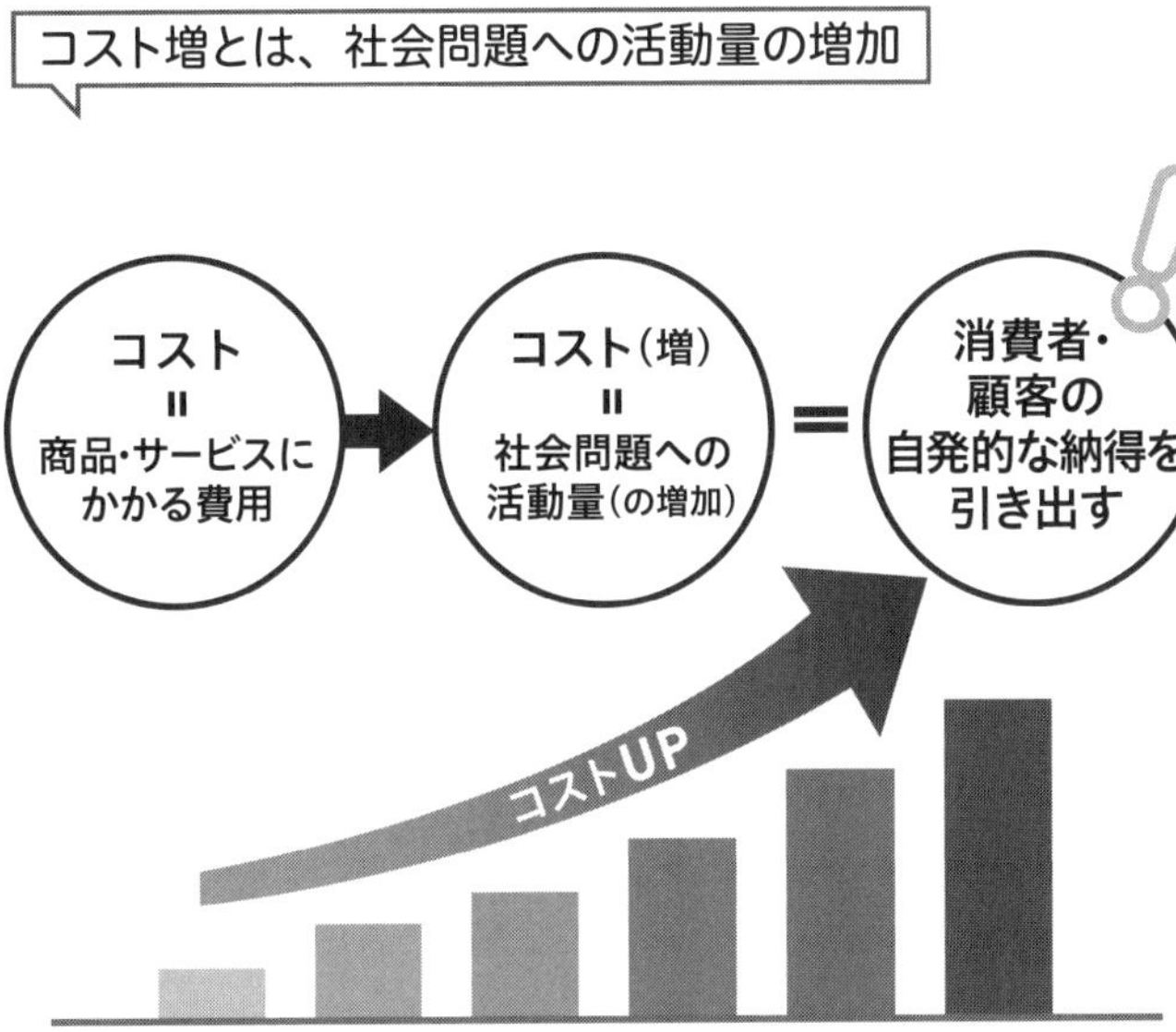


し、そのたびにそれに伴うコスト増要因が発生し続けるでしょう。

しかし本来、社会問題はその社会全体で共有されるもの、社会全体で協力して向き合わなければならないものです。

社会問題から派生したコスト増も、一部の生産者や販売者だけが負うべきものではなく、本来、社会全体で、社会で生活している者たち皆で負担すべきもののはずです。

とはいえ、消費者や顧客に対し、企業が、「社会問題は皆の問題だから、社会問題が原因によるコスト増も皆で負担し合うべき。ですから値上げさせていただきます」などと言えるはずがありません。理屈で説き伏せるのではなく、あくまで消費者・顧客に、自発的に「納得してもらい、受け入れてもらい、買ってもらえる」商品・サービスにする必要があります。

# コスト上昇時代を勝ち抜く！キーワードは「共感と参加」

## ◎お客さんが共感・参加する「応援してもらえる値上げ」に！

コストに対する発想の転換を、どうすればお客さんに理解してもらうことができ、納得を得られるか。

そのカギを握るのは「共感と参加」です。「社会課題を解決するための活動量」が上昇していることをお客さんに誠実に伝え、「共感」してもらう。そして、その活動にお客さんにも「参加」してもらうのです。

企業の日々の活動や姿勢、提供する商品・サービスに「共感と参加」していただくことによって、お客さんにも納得いただき、かつ応援してもらえる値上げが可能になります。

そう言うと、日々、厳しい価格競争、コスト削減策に直面しているビジネスパーソンの中には、「そんなうまい話があるのか」と思ってしまう人もいるかもしれません。

しかし、「なぜ値上げするのか」、言い換えると値上げの意義を突き詰め、真摯に顧客と向き合って、この「共感と参加」の気持ちを引き出していけば、お客さんは確実に賛同してくれます。

この点については、大手より中小企業のほうが商品・サービスを提供する事業者としての〝顔〟が見えやすいので、気持ちを伝えやすく、うまくいくことも多いようです。

むしろ、気をつけなければいけないことは、見え透いた嘘をつかないこと。言葉だけの〝顧客第一〟といった対応をしないことです。

## ◎大きな企業では組織全体でお客さんに向き合う

中小企業でなくても、組織全体で「共感と参加」の戦略を実施していけば、お客さんに応援してもらえる値上げが実現します。

その象徴的な例がニチバン㈱の『セロテープ®』です。

『セロテープ』は発売から70年以上が経っていますが、一貫して植物性の「天然素材が主原料」であることをアピールしてきました。しかしプラスチック製の透明テープに比べて価格が高いことから、大量に透明テープを扱う流通業界に敬遠されていたのです。

その潮目が変わったのは、私も関わったあるプロジェクトがきっかけでした。

それによって、『セロテープ』を購入することが、単なる「商品の選択」から、社会課題の解決への「共感と参加」に転換されたのです。

値上げをしても顧客を増やし、売上を伸ばすヒントが詰まった象徴的な事例として、次章でより詳しく、その内容を紹介していきましょう。

# 第2章 値上げをしても顧客が増えた！あの定番商品の戦略

## 高い付加価値がありながら一時期、苦境に陥った『セロテープ』

### ◎国産初のセロハンテープとして市場に参入

『セロテープ』という接着テープがあることを知らない人はいないでしょう。しかし、これがニチバンの登録商標であることは、あまり知られていません。

『セロテープ』は、木材チップからできるパルプ＝植物繊維のかたまりを溶かしてつくられる「セロハン」に、粘着剤を塗布した「セロハンテープ」の一種です。１９３０年代にアメリカの３Ｍ社（『スコッチテープ』の商品名で知られています）が世界で初めて開発・商品化。日本では１９４７年に、絆創膏《ばんそうこう》を基幹商品としていたニチバン（当時は日絆工業）が、戦後いち早く開発・製造に取り組みました。ＧＨＱがアメリカ本国からのセロハンテープの搬送遅れに困り果て、急きょ依頼をしてきたのに応えたことがきっかけです。

天然素材を大きく表示した『セロテープ』

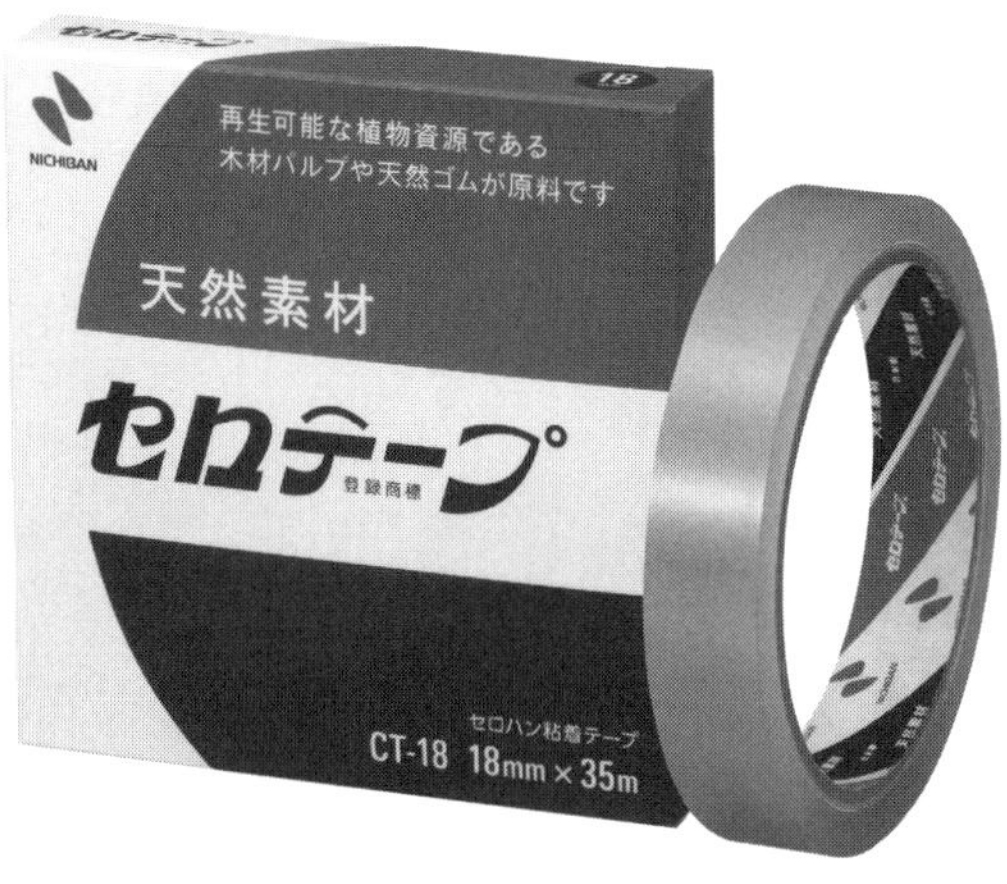


翌1948年には試作品をGHQに納品。同年6月には『セロテープ』を国産初のセロハンテープとして世に送り出しました。

その後、国内でも化学メーカーや文具メーカーなどが次々とセロハンテープの製造をし、市場に参入してきました。しかし、発売から76年経った現在も、ニチバンの『セロテープ』は、セロハンテープの国内シェア65%を誇るトップメーカーとして君臨しています。

## ◎『セロテープ』最大の差異化は「天然素材」

国産初という歴史の古さや国内シェア

の高さが『セロテープ』がセロハンテープの代名詞になっているゆえんですが、ほかにも『セロテープ』が競合製品に比べて誇れる特性があります。それは粘着剤も天然ゴムや松やになどの天然樹脂を使用し、植物由来の原材料からつくられていることです。巻き芯にも古紙パルプ配合率100%の再生紙が使用されています。

他社セロハンテープの中には、本体のセロハンは植物由来であっても、粘着剤にはアクリル樹脂やシリコーンなど石油系素材を原材料としている製品もあります。対して『セロテープ』は、発売当初から一貫して「天然素材が主原料」で、生物由来の商品につけられる「バイオマスマーク」も取得しています。

ニチバンでは、この環境にやさしい天然素材であることを何よりの「付加価値」として、パッケージや巻き芯に「天然素材」と大きく表示。広告や営業でも天然素材が主原料であること、また商品メリットなどもアピールしてきました。

例えば、天然素材が主原料の『セロテープ』は、石油系素材を使ったものと比べて、廃棄して燃やした際に二酸化炭素の排出を抑えられます。つまり、日本が2050年に達成をめざす「カーボン・ニュートラル」を具現する商品なのです。

また、植物繊維であるセロハンの特性として、力をかけずにサッと引き出せ、指だけでスッと切れるという使いやすさがあります。静電気が起こりにくいのできれいに貼りつけることができ、薬局など粉末を取り扱う場所でも安心して使えるといった利点もあります。さらに天然ゴムを原材料とした粘着剤は、どんな素材にも比較的貼りつきやすく、においも少ないため、汎用性・利便性の高さも特徴のひとつです。

『セロテープ』はこのように、「植物由来」だからこそのメリットや性能面での利点も満載で、高い付加価値があり、国産セロハンテープの先駆けとしての歴史とブランド力を土台に、市場での地位のゆるぎなさは約束されているかのように見えました。

## ◎「安さ」を武器にした他社製品に押され気味に

ところが、話はそう単純ではありません。近年、透明テープとして、素材が植物由来のセロハンではなく、ポリプロピレンフィルムという石油系のプラスチック素材を使用したOPP（Oriented Polypropylene）テープが多く出回るようになりました。

OPPテープの出現以来、情勢は一変しました。『セロテープ』は透明テープ市場、とりわけBtoBの業務用ルートにおいて、OPPテープに次第にシェアを奪われていくことになったのです。

# 「環境にやさしい」だけでは「価格差」には勝てない

## ◎「安さ」が優位のOPPテープ

OPPテープが市場で優位に立ったのには、どんな理由があるのでしょうか。

OPPテープはセロハンテープに比べて変色しにくく、OPPテープの多くに使われているアクリル樹脂系の粘着剤は、紫外線による劣化にも強いといった利点があります。

しかし、それより何より、「価格の安さ」が『セロテープ』を脅かす最大の要因でした。

実際、OPPテープはおおむね、ニチバンの『セロテープ』よりも大幅に安い価格で販売されています。「天然素材で環境にやさしい」という特徴は、製造工程で大幅なコストアップが避けられません。その分、価格は高くならざるを得ないのです。

年に数個も使うかどうかという家庭での使用ならまだしも、大量の透明テープを使用する企業では、価格差はそのまま経費差となります。

前述のように、透明テープを最も使用するのは、流通業界です。一つひとつの価格差は数百円であっても、年間を通せば数百万円、数千万円という大きなコスト差になります。

しかも、テープ台に設置すれば、巻き芯の「天然素材」表示も見えず、『セロテープ』もOPPテープも区別はつきません。植物由来だからこその切れ味や静電気の起きにくさも、それを必要とする業態や店舗がある一方で、特に必要としないところも多くあります。『セロテープ』の燃焼時の二酸化炭素排出量は、OPPテープのわずか7分の1というデータも、「コスト差」「価格差」には勝てないのです。

## ◎価格交渉の場にしかならない営業の現場

現在のコスト上昇時代以前であっても、経費削減に努めることは健全な企業経営のための基本中の基本。見た目も用途も同じなら、安いほうを選択したくなるのは当然です。

ニチバンでは営業担当者が取引対象となる企業、工場、店舗などを1件1件訪問し、先方の担当者と商談をする営業スタイルをとっていますが、営業先の購買や調達の担当者たちは、コスト優先のもと、経費をできるだけ抑えるのが仕事です。

そのため、営業先の企業に出向いても、「座って商談をする時間ももらえない」。これが当時のニチバンの業務用ルート営業担当の日常でした。商談の場で『セロテープ』の特徴と有用性について話をさせてもらう機会もなく、担当者と会うなり価格交渉が始まり、それに終始してしまうのが現実だったのです。

危機感を抱いた社内では、「プラスチック素材に転換してもよいのでは」という議論もありました。しかし、「『セロテープ』のニチバンがOPPテープに手を出せば、環境に配慮したエコ製品である『セロテープ』の価値そのものが失われ、自分で自分の首を絞めることになる」という考えに立ち、「天然素材」を貫くことになったのです。

## 苦境を救った「未来に向けての小さなアクション」

### ◎2020年に新たな取り組みをスタート

ニチバンの『セロテープ』は、これからも環境にやさしいセロハンテープであり続けることを選択したのですが、このまま何も手を打たずにいては、商談では相変わらず価格優先の話にとどまったまま。OPPテープにシェアを奪われ続け、企業存続の危機すら招きかねません。そこでニチバンは2020年、新たな取り組みをスタートさせます。

この取り組みは、天然素材が主原料という『セロテープ』の最大の特徴を活かす「Small Action For The Future：未来のための小さな行動」（SAFF）というプロジェクトでした。結果的にこの取り組みが、これまでの商談のありようや市場シェアの低下といった負の流れを一転させることになります。

## ◎SAFFプロジェクトとは？

危機的状況を打破するきっかけとなったSAFFとはいったいどんなプロジェクトで、どんなことを実践していったのでしょうか？

まず、透明テープを大量に消費するデパート、スーパーマーケット、コンビニエンスストアやドラッグストア、ホームセンター、各種専門店など流通業で、『セロテープ』を使っている企業、あるいはOPPテープから『セロテープ』に切り替えてくれた企業のロゴを、新聞の全面広告に掲載することにしました。

この広告は、商品ＰＲを目的としたものではありません。新聞広告に掲載された企業は、「コスト高になるにもかかわらず、『セロテープ』を使ってくれる企業」で、「ニチバンのＳＡＦＦの取り組みに賛同して、未来のために小さいけれど貴重なアクションを起こしてくれている企業」であると位置づけ、新聞広告の中で紹介したのです。

普通なら、ある企業や店舗がどんな透明テープを使っているかなど関心もなく、新聞広告に載せる意味などあるのか、と考えるでしょう。

しかし、『セロテープ』を導入することで未来のために小さなアクションを起こす企業として紹介されれば、世の中の注目度や関心度が高まり、企業イメージがアップするなどメリットが生まれます。興味をもってくれる企業も少なくないはず――、そんなニチバンの狙いは見事に当たりました。

２０２０年９月23日の流通向け専門紙「日経ＭＪ」に掲載されたニチバンの全面広告には、53社５自治体の賛同のロゴが連なることになったのです。

## ◎広告の目的を認知から営業に変えて利用する

ところで、日経ＭＪ紙は業界新聞なので、一般紙、また日本経済新聞などの経済紙と比

日経MJ紙に掲載された広告

2020年9月23日付

べても購読数は多くはありません。しかも、最近は電子版をスマホで読む読者が圧倒的に多く、テキスト表示で記事を読む場合には、広告はすべてカットされてしまいます。

仮にHTML表示（紙面表示）で読んだとしても、スマホ画面では全面広告もスクロールしながら見るため、迫力はありません。つまり、全面広告を打っても、ほとんど読者の目に入らないのです。

しかし、ニチバンはそれを百も承知で全面広告を打っています。なぜなら、この新聞広告を「広告ツール」としてではなく、「営業ツール」として利用する目的だったからです。

ニチバンでは、『セロテープ』のこの広告が掲載された日経ＭＪ紙を数百部購入。営業担当者が日々、訪問先に持参し、商談の際に直接、先方の担当者に見せるのです。

そのうえで、『セロテープ』の特徴やＳＡＦＦの取り組みについて説明します。さらに、広告に掲載されているＳＡＦＦ賛同企業のロゴを示しながら、「御社も弊社の植物由来の『セロテープ』を使用してくだされば、『未来に向けての行動』であるＳＡＦＦの賛同企業として、次回の新聞広告でロゴを掲載させていただきます」とオファーする。

このような営業活動を行い、訪問先の担当者の関心を集めていったのです。

## ◎商談の場のイニシアチブをもつ

かつては商談の席に着くなり「価格」の話になっていたのが、ニチバンの営業担当者の説明に耳を傾けてくれるようになりました。

商談に参加する相手企業の人数が増え、購買や調達の担当者だけでなく、サステナビリティの部署をはじめ、その他の部署からも「ニチバンさんの話を聞きたい」と参加するようになったというのです。

商談の場では、商品の話だけでなく、ニチバンのＳＤＧｓの取り組みについても質問されることが多くなり、『セロテープ』というモノを売っていた営業が、環境問題やSDGsについても相談に乗るようになっていました。

1回目の広告から5ヵ月後の2021年2月22日、日経MJ紙に掲載した2回目の全面広告では、前回の約2倍、102社6自治体のロゴが並びました。わずか5ヵ月で、業務用ルートでの賛同企業は、2倍以上に増えたことになります。

## ◎商品の選択基準が「価格・安さ」から「価値」に転換する

相手企業の担当者の応対の変化は、「商品の選択基準の転換」です。

これまで透明テープを単なる「モノ、ビジネスの対象物」と見ていた購買や調達の担当者の選択基準は、「価格」でした。つまり、「価格・安さ」を買っていたのです。

しかし、OPPテープから『セロテープ』に切り替えたことは、「未来への行動、SAFFへの賛同」を買ったということができます。

ここで、相手企業の商品選択基準が「価格」から「未来への行動」「賛同」に転換しました。と同時に、『セロテープ』の最大の特徴である「天然素材が主原料」が、単なる商品の一特性ではなく、価格差を超える「付加価値」になったのです。

# 商品PRではなく、採用企業のメリットを「見える化」

## ◎SDGsという時流に乗る

『セロテープ』の「天然素材」という価値が、購入する企業にとっては「未来への行動」「SAFFへの賛同」という付加価値になることで、高いハードルだった「価格の壁」を、ニチバンは見事に乗り越えることができました。

脱炭素社会の実現やSDGsの達成が国の目標として掲げられる中、各企業にSDGsなどへの取り組みが求められ、その姿勢が問われる時代になってきました。多くの企業で、自社ホームページ中のサステナビリティページ、投資家向けIRページにも、企業の業績や経営の将来性だけでなく、その取り組みの内容と実績を紹介しています。

こうした社会情勢の中で、ニチバンの広告は企業が自社の優位性を世の中に広くアピールする最高の場として機能したのです。

もちろん自社内に向けての訴求力も期待できます。ニチバンの広告掲載を機に、「わが社はいま、このような取り組みを行っています」と社内にアピールすることで、社員のモチベーションが高まります。

一般の人の中にも、ニチバンの『セロテープ』を使うという一見ささやかな活動が、実は世の中に貢献していると知れば、共感を呼び、好印象をもつ人も多くなります。

## ◎コストアップ分も付加価値に変えて相殺

『セロテープ』を使うことによるコストアップ分も、企業イメージアップのメリットから生まれる利益によって相殺でき、長い目で見ればそれ以上の利益を生むことができます。

SAFFの新聞広告を見たあるチェーンストア企業の社長が、購買担当に「ウチでも『セロテープ』に切り替え、次回の新聞広告にわが社のロゴを掲載してもらうようにしなさい」と指示を出した、という例もありました。競合他社が掲載されているのに、自社が取り残されてはいけないという心理も働いたようです。

ニチバンの日経MJ紙全面広告は、いわば、ニチバンの『セロテープ』を採用すれば大きなメリットがあります！　ということを「見える化」してアピールしているのです。

## ◎日々積み重なっていく実績を「換算」し、リアルタイムで公開

ニチバンでは、SAFFの取り組みによる社会への貢献値も「見える化」しました。

まず、SAFFプロジェクト立案検討中の2019年冬に、日本の小売業の10万店舗がOPPテープから『セロテープ』に替えることで、1年間に削減できる実質的な二酸化炭素の排出量を試算しました。

その数値を目標値として、プロジェクトがスタートして以降、「現在、どこまで削減できているか」を、賛同企業のロゴとともにニチバンのホームページ上に公開したのです。

SAFFの取り組みに賛同してもらうためには、ただ二酸化炭素の削減を声高に訴えるだけでは、相手に「響かない」と考えたからです。

ニチバンの業務ルートにおける対象企業の業態は、百貨店、量販店、スーパーマーケット、ホームセンター、コンビニエンスストア、ドラッグストア、各種専門店と多岐にわたります。それぞれの業界団体が公表している店舗数を合計すると、約10万店です。

試算の結果、その10万店すべてがOPPテープから『セロテープ』に切り替えると、二酸化炭素排出量（テープ燃焼時に発生する二酸化炭素量）は、年間約6300トン削減

## ニチバンのSAFFホームページ

2024年9月25日現在

できることが判明しました。さらにプラスチック削減量も1670トンにのぼることがわかりました。

年間約6300トンは、東京ドーム2・8個分に相当します。ただ、それをそのまま打ち出されても、あまりピンとくる人はいないでしょう。そこで、削減量をより実感してもらうために、『セロテープ』を採用してくれた企業が増えるたびに、そのチェーン店舗数から算出した削減量がプラスされ、現時点での数値をリアルタイムで「見える化」して示すようにしたのです。

## 「脱・価格競争」を果たし、値上げしても売れる商品に

### ◎値上げのため〝脱落〟した会社はほぼない

日経MJ紙の広告とホームページ上での成果（貢献度合）の「見える化」。この相乗効果によって賛同企業は飛躍的に増え、2024年9月25日時点では128社及び6自治体となり、二酸化炭素削減量は388トンと表示されています。

目標の6300トンまでにはまだ遠く及びませんが、営業担当者が「座って商談ができなかった」頃からすれば、目覚ましい前進です。

しかも、2022年と2023年には各種『セロテープ』の価格を値上げしているのですが、その折に〝脱落〟した企業はほとんどありません。値上げした時期にも、賛同企業は増え続けています。営業担当者も、「お客さんがスムーズに価格改定を受け入れてくれる」と語っていました。

「ソーシャルプロダクツ・アワード2020」の大賞を受賞

ソーシャルプロダクツ・アワード大賞とは、一般社団法人ソーシャルプロダクツ普及推進協会が主催するソーシャルプロダクツ・アワードにおいて、エントリーされた「人や地球にやさしい商品・サービス」の中から、専門家審査員がその年の最も優れていると評価した商品・サービスに授与される賞

ビジネス交渉の場で売り手側にアドバンテージがもたらされたのは、何よりもSAFF活動の賜物です。

## ◎広告としても高い評価

日経MJ紙に掲載したニチバンの広告は、2020年日経MJ広告賞の優秀賞を受賞しました。翌2021年には最優秀賞、2022年には大賞を受賞し、2023年にも最優秀賞を受賞しました。

ニチバンでは、営業担当者が持参する「営業ツール」と位置づけていますが、相手企業の興味と関心を引き出すに十分なインパクトのある優れた広告だったからこそ、営業ツールとしての効果も発揮できたのです。

加えて、ニチバンの賛同企業としては、自社みずから「SDGsやサステナビリティに取り組んでいる企業である」とアピールするより、第三者であるニチバンに取り上げてもらうほうが情報の信頼度もアピール度も高くなります。

ニチバンの広告を通して、自社が投資家から認知してもらえ、人材の採用活動でも有利に働くことが導入企業にとってのメリットであり、ニチバンの『セロテープ』の「付加価値」なのです。

相手に訴求するためには、その商品の導入が相手にとっても大きな価値となること、メリットになることは大前提です。ニチバンはその前提のうえに『セロテープ』の「天然素材が主原料」という特徴を、「値上げ」しても乗り越えていける付加価値に転換しました。

つまりニチバンは、価格が判断基準となる「モノ」ではなく、導入企業にとっての「付加価値」を売り、成功したのです。

# 第3章

# 「小さく」「不完全な」取り組みにこそ価値がある

# ニチバン成功のポイントは、小さく・不完全でも「見える化」したこと

## ◎「完全な状態」より過程を示すことで共感が生まれる

日本人はとかく完璧主義で、「まだ完全ではない」「うちの会社の取り組みなんてまだまだ」と、完璧になるまで公表したがらないものです。

ところが、完璧な状態になってから公表するよりも、小さくて不完全でも、いまできていることを誠実に、透明性をもっていち早く示すことで、共感を引き出すことができ、価格以上の価値が生まれます。ニチバンの『セロテープ』は、まさにそれを示す一例です。

ニチバンの成功のポイントはいくつかあります。

新聞広告において、商品ＰＲではなく、『セロテープ』を導入している企業を賛同企業として紹介したこと。そして、その貢献度合をホームページで誰にでもわかりやすく「見える化」したことです。

## ◎企業の〝小さな努力を重ねる姿〟を見せていく

とはいえ、そもそもニチバンの『セロテープ』を日本全国の流通業10万店が使ったとして、削減できる二酸化炭素排出量は、年間6300トンです。

日本政府が計画している温室効果ガスの削減目標は、2030年度に2013年比で46％減、二酸化炭素相当量にすると約6億5000万トンを削減する必要があります。その規模から見ても、ニチバンの取り組み（年間で最大6300トン）は決して大きな数字ではありません。

まして2024年9月時点では、二酸化炭素削減量は388トン。億単位の数字に比べ、ケタ違いの微々たるものです。

中には、「これではまるで焼け石に水。意味があるのか」と思う人がいるでしょう。企業側にとって、OPPテープから『セロテープ』に切り替えれば大幅なコストアップになります。出費は大きくなるのに社会への貢献度はこの程度か、と思われるかもしれません。

しかし、ニチバンもSAFFに賛同した企業も、そのようには思わなかった。むしろ、「小さなこと」を「正直に公表」した誠実さ、透明性が共感を呼んだのです。

自分たちの行っているささやかな取り組みは、本当に小さな一歩に過ぎないが、着実に未来のための一歩前進になっていることを実感できる。そんな取り組みだったからこそ、営業先企業に届き、人の心に響いたのです。

# いまの時代、「完璧主義」はリスクになる

## ◎いいコトをするのは、恥ずかしい？

いまはどの企業でも事業の一環として脱炭素社会やSDGsに向けた取り組みやプロジェクト、イベントを行っています。そのような企業がイメージアップのためマスコミ媒体や自社ホームページ、SNSなどでアピールし、それを見聞きする機会も増えました。

ところが企業トップからは、しばしば次のような声を聞きます。

「こんな小さな取り組みを、ことさらアピールするなんて恥ずかしい」

「『わが社ではこんないいコトをやっています』と言ったら、かっこつけでやっていると

思われ、かえって印象を悪くするんじゃないですか」

「そういうことを自社ホームページやSNSで公表するのは、品がないように思えます」

もとより日本人自体が全般的に謙虚で、出しゃばったり自分のよいところを大々的にアピールしたりするのが苦手なことも、その傾向を後押ししているようです。

## ◎伝えないことがリスクになる時代

しかし、ビジネス社会においては、自社の取り組みを世の中にきちんと伝えないことは大きなリスクになります。完璧主義を貫き、完璧な状態になるまで黙っていることはリスクになるのです。一方で、いまできていることを、ありのままに誠実に、いち早く伝える姿勢は、多くの共感や賛同を呼び、価格以上の価値を生み出します。

ニチバンのSAFFプロジェクトはそれを見事に証明しました。特に、『セロテープ』導入による二酸化炭素削減量は、ニチバンの目標にはるかに及ばない数字であるものの、刻々と削減量を公表することで、わずかでも前進している実感を得てもらえたのです。

第3章では同様に、「小さくて」「不完全」だけれど、それを誠実に、透明性をもって伝えたからこそ付加価値になり得た例を紹介していきます。

# 「外装の紙化」で広がる応援の輪

## ネスレ日本『キットカット』

### ◎プラスチックから紙へ！　包装の変革

赤い文字のロゴでおなじみの『キットカット』。ウエハースをチョコレートでコーティングしたこのお菓子は、まさに定番ロングセラー商品です。

『キットカット』が世に出たのは、1935年のイギリスです。日本に初めてお目見えしたのは1973年。以来、半世紀にわたり、幅広い層から根強い人気を得ています。

この『キットカット』の販売元であるネスレ日本の社長兼CEO（当時）が、2019年8月1日、ある記者会見を開きました。「2019年9月から『キットカット』の外装をプラスチックから紙に変え、プラスチックを年380トン削減する」と発表したのです。外装を変えるのは大袋タイプ（個包装商品が12～14枚入ったタイプのもの）のうちの5種類で、『キットカット』国内出荷量の大半となります。これにより年間380

### 外装を紙化した『キットカット』

※ 2019 年外装紙化変更当時の商品写真

トンのプラスチック削減が実現されるのです。

当時の社長は記者会見で、「紙は燃やすと二酸化炭素が発生するが、一番の問題はプラスチックが海に流れ出て、それを魚が食べ、人間にも影響が出る可能性があること。プラスチックがごみとして外に出ることを防ぐのが先決。外装を紙にすることで、100%の解決にはならないが、現在とり得るベストの方法である」と語っていました。

## ◎「完璧」でないことを正直に

この企業トップの発言で特筆すべきは、自分たちはすごいことをやっているとはひと言も言わず、むしろ「これで100%の解決にはならないが……」という言葉にも表れているように、自分たちが行うことは完璧なものではないと明言していることです。

外装変更も、『キットカット』全出荷量ではなく、削減できるプラスチックは年間380トン。しかも、紙への変更は「外装」のみで、中の個包装は従来のプラスチックのままです。中の個包装は湿気を防ぐためにプラスチック製のままにする、つまり「品質を守るためである」と、外装パッケージにも明記されています。

このように完全ではないにもかかわらず、堂々と記者会見を行い、繰り返しテレビのニュースで報道されることで社会に広くアピールされました。

その翌日、私はたまたま、ネスレ社の競合会社にあたる某菓子メーカーのサステナブル関連の担当役員の方とお会いしたのですが、そのときに『キットカット』の報道にも話題が及びました。その役員の方も、「本当にうまいですね。わが社では、もっと以前から（プラスチック削減を）大規模に取り組んでいるんですが、トップがそういうことを外に言わないから……」と苦笑していました。

# 「言うリスク」より「言わないリスク」に注意

## ◎「言う・伝える」ことは誠実さの証し

トップがそういうことを公表したがらないという例は、実はよくあるパターンです。

確かに、日本人にはよいことは黙ってやるのが美徳（陰徳）、という価値観があります。

しかし、プライベートではそれでよくても、ビジネスの場では割り切らないといけません。

また、やっていることの規模の小ささや不完全さを恥じて、もっと完璧と言える域に達してから公表するという経営者もいますが、では、それはいったい、いつになるのでしょうか。日本の温室効果ガス80％削減目標のゴールは2050年。あと25年近くありますが、完璧をめざしていたら、その目標を達成するまで何も言えなくなってしまいます。

小さなこと、不完全なことを公表することのリスクを不安視するくらいなら、完全になるまで何も言わないリスクを不安視すべきです。企業の取り組みに対して、世の中のユーザーや消費者はスケールの大きさや完全であることだけを求めているのではありません。

ニチバンの例のように、「小さなこと・不完全なこと」を包み隠さず伝えることで、誠実な会社として共感・賛同・応援してもらえるのです。

換言すれば、小さいこと・不完全なことでも誠実に伝えることが、ユーザーや消費者にとって付加価値になるということ。何も言わないでいる間は、せっかくの付加価値を放っておくことになります。これは大きな損失、逸失利益です。

## ◎「できることから始めていく」が付加価値に

『キットカット』の外装が変更されると、SNS上では「#キットずっと」「#廃プラ問題」などのハッシュタグで、たくさんの賛同・応援メッセージが寄せられました。

「できることから始めてくださったネスレ日本さん、ありがとう!」

「キットカットって、紙パッケージに変わったけど、中身の個包装はプラスチックなのかなぁ~と思ったら、品質保持の点で使用してるって。少しずつ紙になるのかな」

半面、個包装も紙にしてほしいといった意見、外装が紙になったことで商品の総重量が増え、輸送コスト増につながるといった否定的な意見もありました。しかし、全体的には肯定的な意見や応援・賛同のメッセージが大多数を占めていたのです。

# 「完璧な100％」より「ちょっとを100人」に

## 豊島「ORGABITS」プロジェクト

### ◎逆転の発想から生まれたプロジェクトのコンセプト

豊島《とよしま》は1841年に綿花商として創業し、1918年に現在の会社（豊島㈱）として設立されたライフスタイル提案商社です。

この豊島が2005年に立ち上げたのが、「ORGABITS《オーガビッツ》」というプロジェクト。オーガニック（Organic）コットンを通して、皆でちょっと（bits）ずつ地球環境と社会に貢献しようという思いから生まれたネーミングです。

プロジェクト開始当初は、それほど普及していなかったオーガニックコットンを、少しずつ広めていくことが第一の目標でした。

このプロジェクトを何より特徴づけているのが、「1枚の洋服に使用されるオーガニックコットンの使用量について100％にこだわらず、10％以上を100人、1000人の人に届ける」というコンセプト。「完全にオーガニックでなければオーガニックとは呼べない」という考え方に縛られるのではなく、まさにできるところから、ちょっとでもOKという逆転の発想から生まれたコンセプトです。

## ◎タグのブランドが「共感・賛同」の証し

また豊島では、このプロジェクトにひもづく画期的な取り組みを行っています。それはブランドショップなどの店頭で販売される10%以上オーガニックコットンを使用したORGABITS商品にオリジナルのタグをつけ、そのタグ1枚ごとに寄付がされるという取り組みです。

寄付金は、インドのコットン農家支援などを行っている団体に寄付されます。

また、入院中の子どもたちに笑顔を届けるクリニクラウンプロジェクト、東日本大震災の被災地である南三陸地方で桜並木をつくるプロジェクトなど、環境や社会のために「ちょっといいコト」を行う団体の多岐にわたる活動支援にも使われています。

タグは、その商品を製造販売しているブランドが、これらの活動に共感、賛同したブランドであることの証明にもなるのです。

## 豊島の「ORGABITS」プロジェクト

2024年6月末時点で、約150件にのぼるアパレルブランドが参加し、約1150万点のアイテムが生産される日本最大のオーガニックコットン普及プロジェクトにまで発展しました。

### ◎不完全だからこそ浸透する

ORGABITSで100%完全なオーガニックを使用することにこだわったら、ここまで参加企業数やアイテム数を伸ばすことは不可能だったでしょう。

100%オーガニックが難しい理由のひとつは、コットンの原材料である綿花の有機栽培には手間がかかることにあります。

虫がつかないように綿花畑周辺に防虫効果のあるハーブを植えたり、雑草や害虫も一つひとつ手作業で取り除いたりなど、とてつもない労力と時間を費やします。そのためオーガニック綿花の生産量も、現時点ではまだ世界中の綿花生産量の1％程度。価格もオーガニックでないコットンより、はるかに高額にならざるを得ません。

また、100％完全オーガニックにこだわるのであれば、アイテムの生地はもちろん縫製《ほうせい》の糸もオーガニックであること、生地や縫製用の糸を色染めする染料も化学染料を使わないオーガニックであることが求められます。

しかし、染料までオーガニックを貫くとなると、有機栽培された植物由来の染料くらいしか使えなくなります。草木染めと呼ばれるものですが、草木染めは色あせしやすく、少し濡れただけでも色落ち・色移りしてしまうので、用途が限られます。

そのため、基本的には色染めをしない「生成《きな》り」の製品しかつくれなくなり、カラー展開ができず、ファッション性に欠ける製品ラインナップになってしまいます。

これでは、一部のオーガニックにこだわりの強い方には受け入れられても、多くのお客さんに買ってもらえる商品にはなりません。そうなると、ORGABITSのオーガニックコットンを、もっと手軽に、たくさんの人に広く届けるという第一の目標とは逆方向に向かい、本末転倒の結果になってしまいます。

## ◎「なぜ不完全なのか」を説明する

豊島では、完全ではないオーガニックであることと、なぜ不完全なのか、その根拠をORGABITSの専用サイトで丁寧に説明し、誠実に公表したことが共感の輪を広げることにつながりました。

その結果、賛同ブランドが150以上、それらのブランドから生み出されているアイテムが1150万点以上にのぼりました。この数字は、小さいこと・不完全なことでも見える化して誠実に伝えることで、どれほど大きな価値を生み出せるか、その証左でもあるのです。

# 「誠実さ」「透明性」があれば、自然にユーザーがアンバサダーに

## ◎消費者が自然にアンバサダーになってくれる

いまやSNSで誰もが発信できる時代です。『キットカット』の例では、企業側が一方的に情報を発信していくのではなく、ユーザーがいわばアンバサダー（大使）としての役割を担ってくれる——、そんな一面を垣間見ることもできます。「ORGABITS」の例でも、100％オーガニックではない理由を丁寧に説明し、誠実に公表したことで、共感の輪が広がり、お客さんがお客さんを呼ぶ状況になっています。

この観点からも、いまできること、やっていることを、リアルタイムにいち早く誠実に伝えることが重要です。

繰り返しになりますが、ここでいう誠実とは透明性ということ。透明性があれば、企業側の信念も伝わります。

## ◎誠実さは等身大の存在として評価され、付加価値になる

小さくて不完全ではあるけれど「ちょっといいコト」は、消費者にとって自分たちの等身大で捉えることができるため、親近感をもってもらえます。だから、自分たちも応援し、その輪を広げていこうという気持ちにもなり、それが商品を買うという行動にもつながるのです。

さらに、企業の取り組みを応援して商品を買った自分たちも「ちょっといいコト」をしている気分になれる。そんな気分も、ユーザーや消費者にとって重要な付加価値になります。

頑張ってもらいたいという応援の気持ちとともに、自分たちもちょっといいコトをしている気分になれる。そんな付加価値があるために、価格が高くても値上げをしても、選んでもらえる商品・サービス、企業になれるのです。

# 第４章 自社商品の強みを きちんと 「変換」できていますか？

## 上手に「変換・換算」することで、初めて価値が伝わる

### ◎「価値」を個人の参加・貢献意識を引き出すような数字で示す

同じ商品・サービスでも「価値」を大きな目標・実績数字ではなく、消費者の参加・貢献意識を引き出す数字に落とし込む。これが価値を上手に「変換・換算」するポイントです。そして、その変換・換算を「見える化」することも欠かせません。

ニチバンのSAFFプロジェクトでは、対象企業の10万店舗すべてがOPPテープから『セロテープ』に切り替えると、年間約6300トン、東京ドーム2・8個分の二酸化炭素の排出量を削減できることを打ち出しました。

ただ、年間6300トン、東京ドーム2・8個分の削減と言われても、ピンとくる人はあまりいません。

そこで、SAFFプロジェクトに参加することで二酸化炭素排出の削減に貢献している

ことを実感してもらうために、『セロテープ』を採用した企業が１社増えるたびに、そのチェーン店舗数から算出した削減量を換算し、総削減量にプラスして、ホームページでリアルタイムで公開するようにしました。これにより、〝価格の壁〟を前に認めてもらいにくかった価値を、取引先にとっての「付加価値」と感じてもらうことに成功したのです。

このニチバンのＳＡＦＦプロジェクトは多くの企業から注目され、私のところにも「同じようなことができないか」という問い合わせが数多く寄せられています。そのつど私も、「間違いなくできますよ」と自信をもって答えています。

## ◎価値への共感・賛同を〝お金〟に変えるにはコツがいる

業態や規模の大小にかかわらず、ＳＤＧｓやＣＳＲ（Corporate Social Responsibility：企業の社会的責任）活動を行っている企業は多く、担当部署を設けたりプロジェクトを進めたりしている企業もたくさんあります。売上や利益の一部を毎年、福祉団体や慈善団体、環境保全団体などに寄付している企業もあります。

ＣＳＲ（企業の社会的責任）活動の一環として、小学生に環境関連の出張授業を行っている企業、排出した二酸化炭素量と同量の二酸化炭素を吸収できる植林をする「カーボン・

オフセット」を実践している企業もあります。概観すると、ほとんどの企業で、SAFFのような取り組みを行う材料には事欠かないのではないでしょうか。

とはいえ、変換・換算や見える化の方法、伝え方の選択を間違えると、単なる情報公開にとどまり、人びとの心を動かすことはできなくなります。

では、消費者の共感や賛同を得て、それを購買動機に結びつけていくための「変換・換算」と「見える化」をどう行うか。そのコツを紹介していきましょう。

## 数字の羅列だけでは伝わらない。「変換と換算」の正しい手法

### ◎「経年による削減値」では商品の「付加価値」が見えてこない

企業の統合報告書のサステナビリティページや投資家向けIRページなどでは、自社のサステナビリティやCSRの取り組み実績を図のような内容で埋めているケースをよく見

経年による削減値を示すCSRの取り組み例

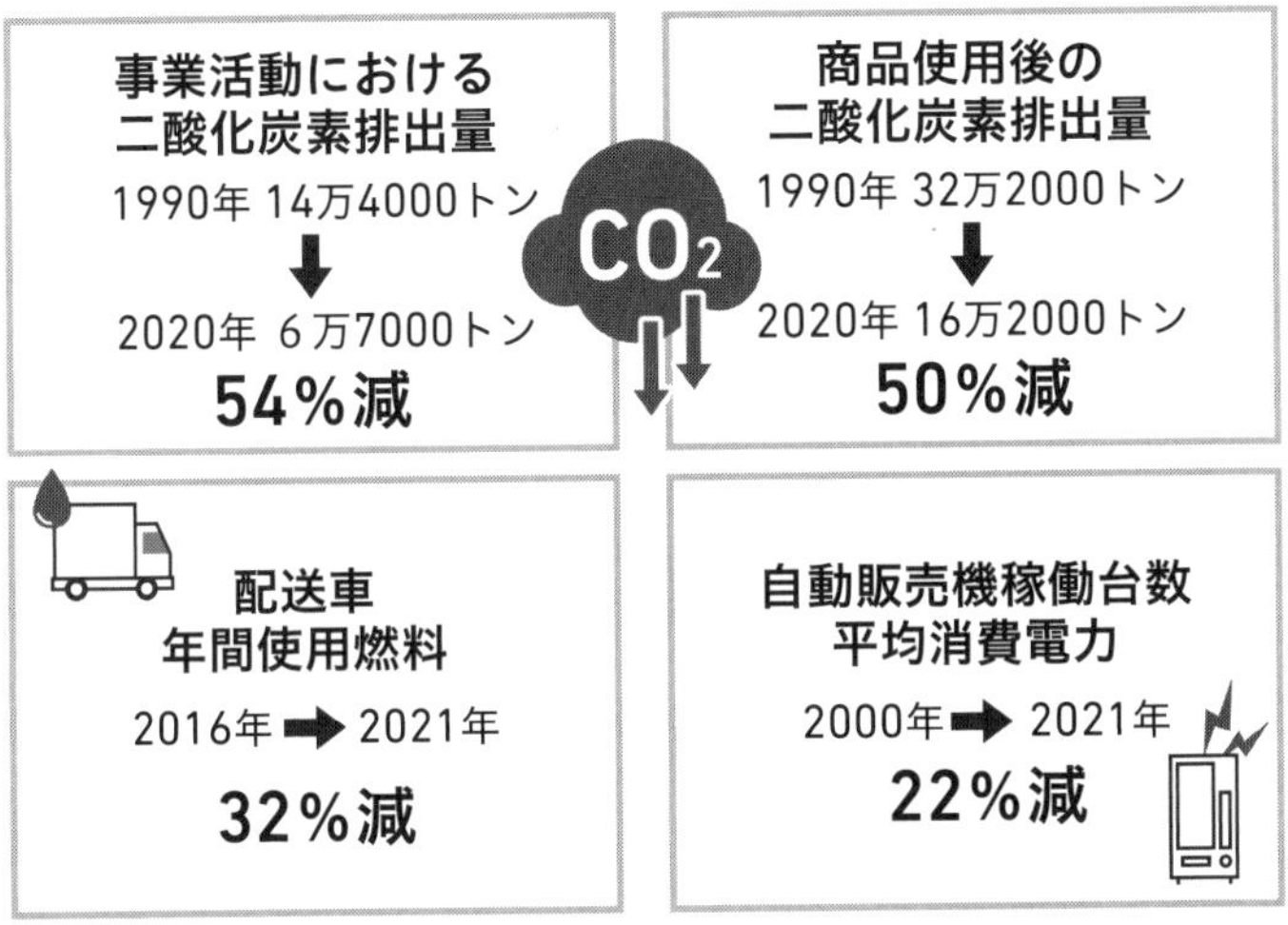


かけます。サステナビリティページやCSR活動のページ、投資家向けIRページなら、このような情報でも、SDGsやCSRの取組状況と実績など、伝えるべき内容は伝わります。

しかし、こうした情報を掲載している企業の多くに共通しているのは、自社が提供する商品やサービスにリンクされていないことです。

このような数字情報は、自社の商品・サービスに結びつけ、利用する側の立場に立った数値に「変換・換算」「見える化」して、はじめて「付加価値」になります。その結果、人びとの心に届いて、購入の動機へとつながっていくのです。

# どんどん大きな数字になっていくことを「見える化」する

## ◎付加価値として評価されるかは、伝え方にかかっている

具体的に見ていきましょう。

「この商品を1個買えば、他の類似商品を1個買うのと比べ、どれだけの二酸化炭素削減につながるか」をPRしたいと考えた場合、マーケティング上、大事なことは、それをどう「伝え」、どう「見える化」するかです。

換算して得られた結果が付加価値として機能するかどうかは、この伝え方、見える化のやり方にかかっています。

商品1個がもたらす二酸化炭素削減量がたとえ微々たるものでも、それを「1年間買い続けたら」「○人が買ったら」「日本人の○割の人が買い続ければ」と換算すれば、どんどん大きな数字に膨らんでいきます。

ニチバンの『セロテープ』のＳＡＦＦでは、この膨らんでいく数字を、ホームページでリアルタイムに「見える化」したことが、共感・賛同を呼ぶ決め手のひとつになりました。

## ◎「削減量がリアルタイムで増えていく」ことに共感・賛同する

単に「1年間でこれだけ削減できます」という数字を挙げるだけに終わるのと、実際に膨らんでいく数字をリアルタイムで見せるのとでは、共感・賛同につながる効果には格段の違いがあります。

刻一刻、その商品を購入する人が増えるたびに、企業が取り組んでいる二酸化炭素の削減活動が実績を上げていく。消費者はその過程を目の当たりにすることで、自分もその活動に参加したい、協力したい、という気持ちになるのです。

加えて、その商品を選んで購入すると、「ちょっといいコト」をしている気分になれる。こうしたことが、大きな購入動機につながります。

ひとつの数字情報を、具体的な商品やサービスにひもづけて変換・換算し、リアルタイムでその変化を見える化する。この一連のフローが、参加や協力という行動を伴った共感づくりの「仕掛け」なのです。

## 「共感づくりの先駆け」の印刷会社

### 大川印刷の環境印刷

### ◎「共感づくりの仕掛け」は天から降ってきたわけではない

ニチバンのSAFFは私が行ったマーケティング企画ですが、このアイデアは、ある日突然、天から私に降ってきたわけではありません。実は、その数年前に見かけたある企業のホームページがきっかけでした。

アイデアのきっかけとなったのは、神奈川県横浜市を拠点とする環境印刷の先駆け、㈱大川印刷です。

大川印刷のホームページにアクセスすると、まず目に飛び込んでくるのが、

「環境印刷で刷ろうぜ」

というキャッチコピー。その右脇に「SINCE 1881」とありますから、明治14年創業の歴史ある印刷会社です。古い歴史を刻みながら、目線の先には常に新しい時代に

大川印刷の環境印刷

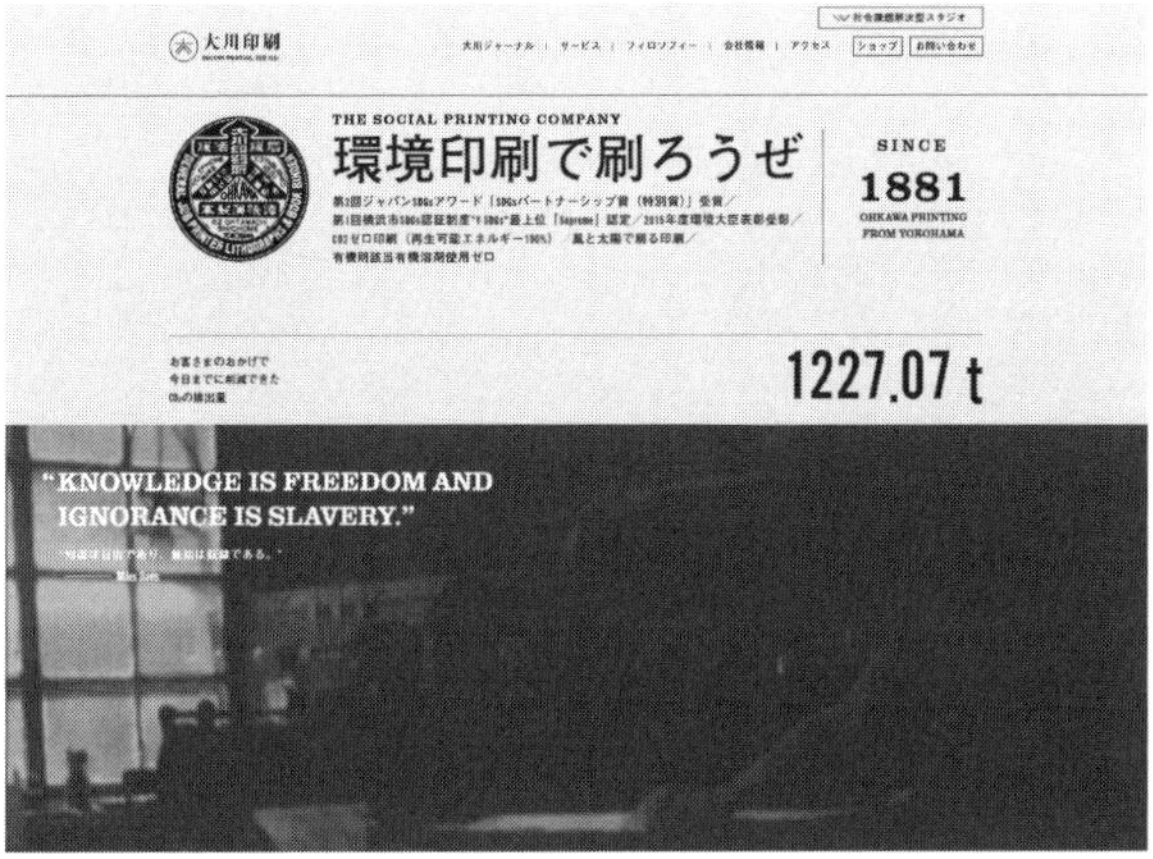


2024 年 9 月 11 日現在

向けての挑戦がある――ホームページのコンテンツからはそんな社風も読み取れます。

実際、未来に向けての「環境印刷」をはじめとしたサステナブルな取り組みをいち早く始め、高い評価を得てきた会社でもあります。キャッチコピーのすぐ下に、SDGs関連の受賞歴がずらっと並んでいるのがそれを物語っています。

社長の大川哲郎氏は国連のイベントへの登壇・スピーチを依頼されるなど、サステナブル経営においては世界的にも注目を集める人物です。

何かと目を引くトップページですが、極めつきは、「お客さまのおかげで今日までに削減できた$CO_2$の排出量」と銘打ち、時々刻々と変わる数値が表示されていること。この「リアルタイムでの見える化」という画期的なアイデアを最初に目にしたときに、私は非常に衝撃を受けました。

## ◎コストアップする環境印刷を「付加価値」に

大川印刷をはじめ現在では多くの印刷会社が取り組む「環境印刷（＝環境に配慮した印刷）」とは、

・印刷時に使用する湿《しめ》し水については、有害な物質であるイソプロピルアルコールを添加しない湿し水を採用
・ＦＳＣ®森林認証紙（森林破壊を抑制し持続可能な森林資源を次世代に残すことに貢献できるよう適切に管理された森林の木材を使っている紙）の使用
・石油系溶剤を植物油に置き換えた、ノンＶＯＣインキを自社では99％使用
・配送時には環境負荷の少ないＥＶ車やディーゼル車を使用

……などが挙げられます。

このような方法だとコストアップは避けられないのですが、大川印刷はそれを付加価値として示した先駆け企業なのです。

２０１９年頃から私はセミナーなどでさかんにこの大川印刷の例を取り上げるようになりました。すると、別の印刷会社から、

「ウチでも環境印刷に取り組んでいるのに、どうして大川印刷さんだけを取り上げるのですか？」

「わが社では環境印刷の方法をとる場合でも、従来の印刷方法と同じ価格に抑えているのに……」

といった声も聞かれました。

ただ、「環境印刷と言えば大川印刷」と代名詞のように名前が挙げるのにはワケがあります。先駆けであるとともに、共感・賛同をもって取引先に受け入れられる仕組みをつくっているからです。

大川印刷は従業員数40名ほどで、印刷所としても小規模な企業です。そのため、ほとんど知られていませんでした。

しかし、「環境印刷」の取り組みを日本国内でいち早く手掛けるようになって以降、あっという間に表舞台に躍り出たのです。

大川印刷の取引先を見ると、国の機関やWWFジャパンなどの環境保全団体、さらにユニセフなど国連関連の団体、外資系の企業や海外の環境保全団体など、国内外の錚々《そうそう》たる有名企業・著名団体が名を連ねています。

日本より環境対策への意識が高く、基準も厳しいヨーロッパの企業や団体では、環境印刷のノウハウが定着している印刷所以外には発注しない方針を貫いているところも多く、ましてSDGsの旗振り役を担っている国連や環境保全団体ともなれば、環境印刷は必須です。それゆえ、成功要因のひとつには、思い切って従来の印刷法を捨て、環境印刷のみに絞ったことが挙げられるでしょう。

しかし日本国内で、まだ環境印刷の認知度も浸透度も低かった時代から国内取引企業を着々と増やしていくことができたのは、先に挙げたホームページの例に見るように、「見せ方」の巧みさ、「見える化」のうまさが大きく貢献していると考えられます。

# 「タイパ・コスパ」の工夫も伝え方次第で大きな付加価値に！

## ◎身近なところにある「付加価値」

タイパとは「タイム・パフォーマンス」の略で、かけた時間に対する効果（満足度）のこと。もともとはZ世代と呼ばれる若者層を中心に広がった言葉です。

物心ついたときからデジタルコンテンツに触れ、膨大な情報を処理したり急激なトレンド変化に対応したりするのが日常的なこの世代は、「タイパ」重視の傾向にあります。映画やドラマのビデオを倍速で視るのもその表れです。

もっともその概念自体は新しいものではなく、Z世代より上の年代では、「時短」とか「時間効率」といった言葉を使っていました。いわゆる「時短商品」もめずらしいものではありません。

しかし、この「時短商品」「タイパ商品」もいままでは、これまでは注目されなかった価値を生み出すようになっています。

## ◎新語が秘めるポテンシャルの高さを見抜き、活かす

主婦が主な購買層となる食品業界では、「カンタン」「時短」は、いつの時代も歓迎されます。これまでもさまざまな時短商品や時短メニューが企画・開発され、売り出されてきました。代表格のひとつが、レトルト食品です。

そのレトルト食品で、タイパトレンドに乗って、タイパ性能をさらに高め、プラスアルファの「価値」をアピールして売り込む仕掛けを打ち出している企業があります。

大塚食品やハウス食品は、50年以上も前からレトルトカレーの大ヒット商品を生み出している企業です。

この2社は、電子レンジ可のレトルト食品は沸騰したお湯につけて温めるよりも、電子レンジで温めるほうが大幅に時間を短縮できる点に注目。さらに、時間短縮だけでなく、二酸化炭素排出量を80％も削減できることを、ホームページ上でわかりやすくグラフで表示しています。

加えて、電子レンジで温める場合は、水を使わず、鍋を洗う必要もないので、水の節約

にもなるとも伝えています。

このように既存商品にあらためて価値をつける手法は、新たな商品企画・開発も必要なく、それ自体が「コスパ・タイパ」と言えるでしょう。

一方で、従来商品を一歩進化させ、「コスパ・タイパ」仕様の商品を別途、売り出すケースもあります。

例えば、「日清製粉ウェルナのスパゲティをはじめとしたパスタ商品の『マ・マー早ゆでシリーズ』は、アルデンテにゆで上がる時間を短縮でき、また、電子レンジでも調理可能であり、調理時の二酸化炭素排出量を標準品と比較し、鍋でゆでた場合でも約35%、電子レンジで温めた場合はさらに多く約57%削減できる」と伝えています。※1 ※2
このように、生活の中の身近な食品を通して、「タイパ」が単なる時短に終わらず、未来に向けての環境への配慮、「エコパ」にもつながることを認識してもらえれば新たな活路が見えてきます。

さらに、消費者にとって「未来のため」以上に大切なのが、いま、目の前にある課題への対処です。鍋でゆでるにしてもレンジでチンするにしても、「早ゆでパスタ」なら、時短にできる分だけ光熱費を節約できます。

「タイパ」が「エネパ」にもなる――昨今の光熱費の高騰、値上げラッシュの渦中にあって、これは訴求力があります。

原料等のコスト高で商品自体は値上げせざるを得なくなっても、「タイパ」商品なら、光熱費を節約できる分、評価されるのです。

## ◎身近な商品・サービスの「変換と換算」の手法

「タイパ」に取り組んできた商品であれば、食品に限らず、日用品、調理家電など、どんな商品にも適用できます。

ただ、より「共感」を生むように伝えるには、よりていねいなアピール法が必要です。すなわち「変換と換算」のうまさが必要なのです。

例えばレトルト食品の場合、「電子レンジで温めるvsお湯で温める」の比較では、電子レンジで温めた場合には、お湯で温めるより二酸化炭素排出量を約80％も削減できるとします。そうであるなら、電子レンジ使用だと1食あたりだと、どれくらい二酸化炭素を削減できるのかを計算して、伝えます。

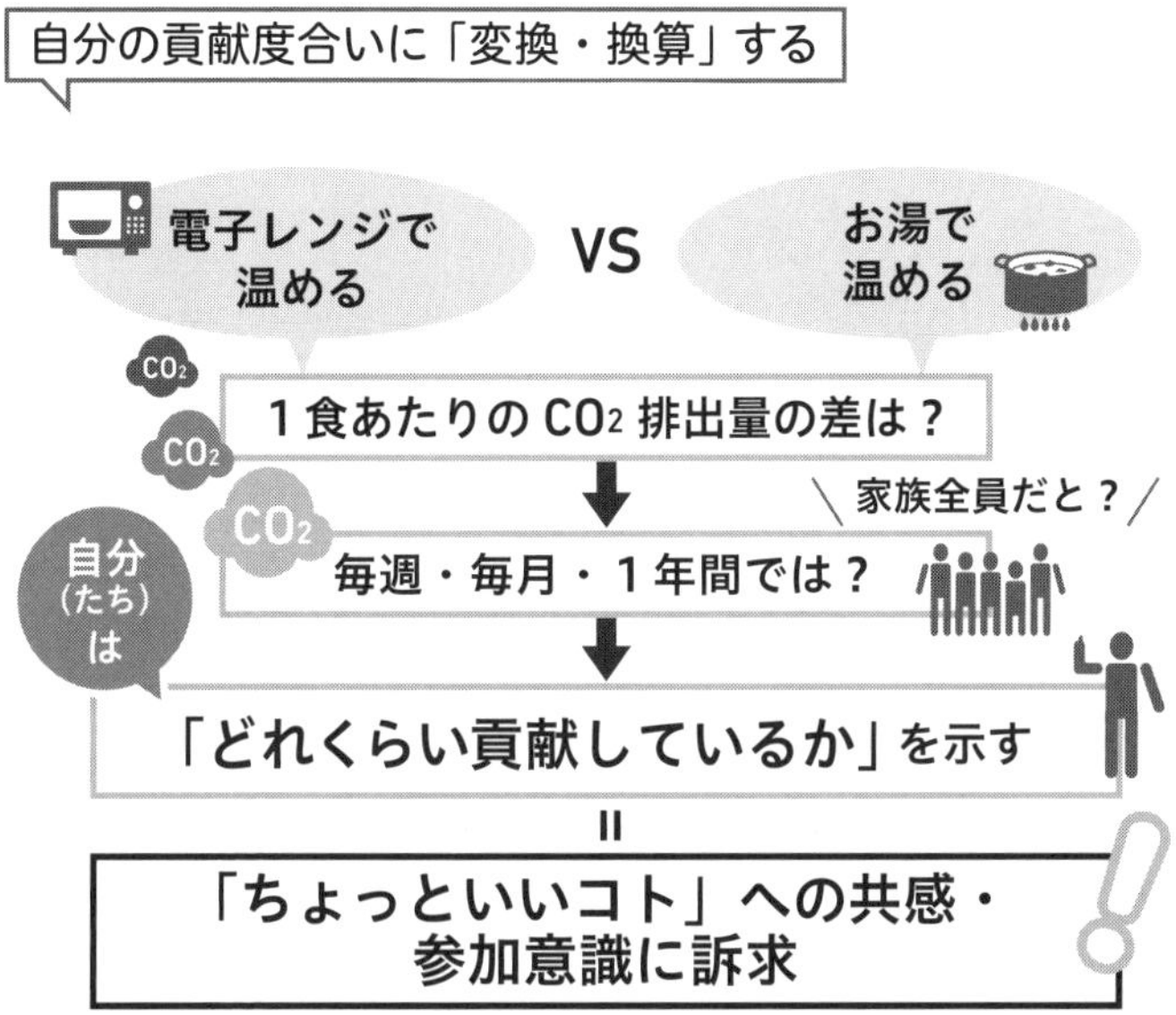


ここから、電子レンジ使用で毎週・毎月・1年間食べ続けると、どれくらいの二酸化炭素排出量を削減できるのかも見えてきます。

これが家族3人なら3倍、4人なら4倍の量を削減できるとなれば、「ゆで方をレンチンにするだけで、こんなにも二酸化炭素排出量を減らすことができる！」と、より生活者の実情に沿った具体的な数字を示すことができ、驚きと共感を引き出すことができるでしょう。

また、調理時間が短くなる分、電気代やガス代の節約にもなります。これも1食あたりどれくらい節約できるかがわかるように換算できるのではないでしょうか。その数字を見れば、タイパ商品は家計にもやさしい商品だと実感をもって理解してもらえるはずです。

このような「換算」によって、二酸化炭素排出量の削減に加え、電気代やガス代の節約もできるという、ダブルの価値をもった商品として訴求できるのです。

原料の高騰で値上げを余儀なくされた食品であっても、調理時間の短縮によって、電気代・ガス代を節約でき、しかも、二酸化炭素排出量も減らせるので、世の中のために「ちょっといいコト」ができるようにもなる。

そうとわかれば、その商品を使い続けよう、応援しようという気持ちになるに違いありません。

※1 高たんぱくタイプ、サラダスパゲティは電子レンジ調理できません

※2 太さ1.6㎜の「マ・マー チャック付結束スパゲティ（標準品）」と「マ・マー 早ゆでスパゲティ FineFast チャック付結束タイプ（早ゆでFineFast）」をガス火および電子レンジ（600W）で100gゆでる際に排出される$CO_2$量を算定（GHGプロトコルの概念に基づき日清製粉ウェルナ社にて算出）

# 第5章

# 多額の宣伝費をかけなくても、「ナカマとミカタ」で価値は広まる

# 売り手と買い手の関係を「テーブル型」から「カウンター型」へ

## ◎心・気持ちが同じ方向に向かう営業を

皆さんが取引先や営業先の担当者の方と商談をするとしたら、テーブル席とカウンター席、どちらを選びますか？　商談のときは、よほどの事情がない限りテーブル席を選び、テーブルを挟んで向かい合うはずです。

ところが、ニチバンの『セロテープ』の事例では、交渉のスタンスを「テーブル型」の営業から「カウンター型」の営業にシフトしたことが、成功要因のひとつとなりました。

テーブル型は互いに顔をつき合わせて対峙するスタイルで、カウンター型は双方が同じ側で同じ方向を向いているスタイル。体が互いに向き合っていようが同じ方向を向いていようが、心・気持ちが同じ方向に向かっているなら、カウンター型です。

テーブル型の関係では、価値を提供する側と価値を受け取る側が対峙する関係なので、

「テーブル型」から「カウンター型」の関係へ

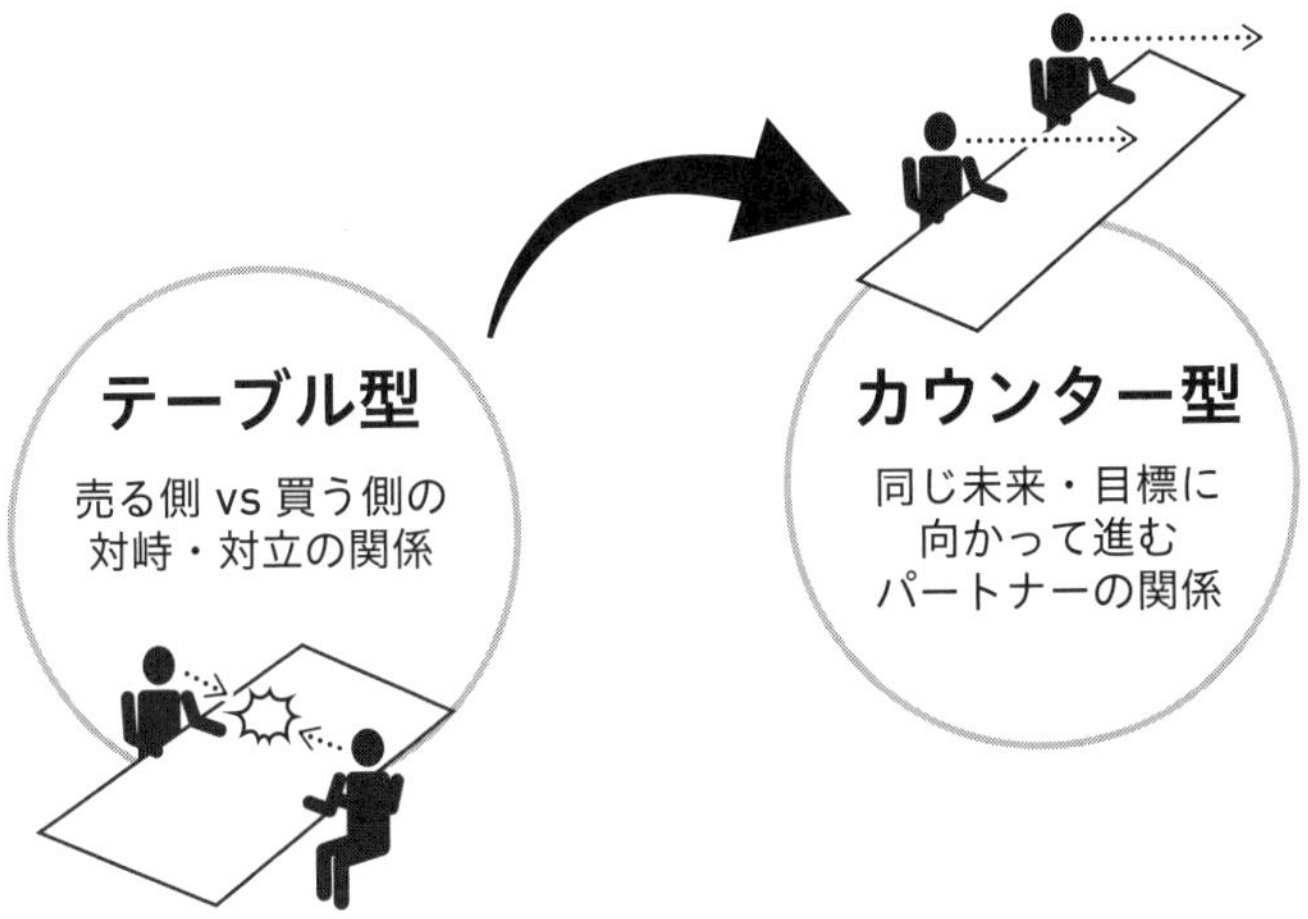


一歩間違えると利害の対立を生んだり、どちらかが優位に立つ関係になったりしがちです。ところがカウンター型の関係では、双方が同じ側に立って同じ方向を向きながら対話する関係になります。同じ仲間・パートナー・チームとして同等の立場に立ち、ともに価値を創造していく、共生・共創の関係です。

従来の「売る側vs買う側」の関係は、まさにテーブルをはさんで向かい合うテーブル型の関係でした。売る側は、まず相手に買ってもらうために情報を提供します。

「このたび、こんな商品・サービスを売り出すことになりました。この商品・

サービスの特徴は……」

と営業トークを始め、その情報をもとに相手に商品やサービスを選んでもらう関係です。

すると買う側は、

「デザインがやぼったくないですか？」

「従来品や他社製品と比べて、それほど優れているわけでもないように思いますが……」

などと話し出し、結局は断られることもしばしばでした。

とりわけ、昨今の値上げラッシュの渦中にあっては、

「いくらなんでもちょっと高すぎですよ、もう少し安くならないですか」

「他社の商品なら、これより3割以上安く買えるんですけどねぇ」

と、ニチバンのかつての営業担当者のような状況に置かれたりします。

## ◎SAFFが変えた営業スタイル

そんな商談相手の対応が180度転換するきっかけとなったのが、ニチバンのSAFFプロジェクトでした。そして、このときに起こっていたのがテーブル型からカウンター型へのシフトだったのです。

もちろん、相手企業が『セロテープ』を採用した動機には、日経MJ紙の広告に「賛同企業」として自社のロゴが掲載されるというビジネス上のメリットがあったことも事実です。

しかし、このとき、ニチバンのSAFF――未来へ向かっての小さな取り組みに賛同することで、相手企業はニチバンとともに未来という同じ方向に向くことになりました。「売り手vs買い手」という関係を超え、未来を一緒に考え、同じ目標・ゴールに向かっていく仲間・同志になったのです。

その瞬間に、OPPテープの1・5倍の価格という垣根を飛び越え、『セロテープ』が受け入れられるようになったのです。

# 「カウンター型」へのシフトでユーザーを「ナカマ・ミカタ」に

## ◎カウンター型が生む消費者の共感

ニチバンの例は、BtoBにおけるカウンター型へのシフト例です。

このカウンター型の関係づくり、「売る側vs買う側」の関係から仲間・同志の関係へのシフトは、BtoC、つまりユーザーとの関係でも成り立ちます。

インターネットの発達とSNSの全盛を背景に、多くのユーザーが豊富な情報をもち、その情報を拡散したり、みずから情報源として発信できたりするいま、企業側が一方的に情報を提供したり仕掛けたりするのではなく、ユーザーから意見や情報、アイデアを集めることができ、また集まってくる時代です。

しかも、裾野の広いユーザー・生活者からのほうが、一企業の狭い世界からよりもバラエティに富んだ情報や斬新なアイデアが得られる利点もあります。

売る側と買う側の双方向コミュニケーションによって情報を共有し合い、同じ方向を向きながらひとつの目標なりゴールなりに向かっていくカウンター型へのシフトは、むしろ自然な流れです。

ユーザーとのカウンター型の関係は、単に多彩な情報やアイデアが得られるだけにとどまりません。

ニチバンと賛同企業との関係を仲間・同志と述べましたが、カウンター型でのユーザーとの関係も、「ナカマ・ミカタ」です。仲間であり、どんなときにも味方になってくれる、そんな関係を構築できることも大きなメリットです。

## ◎「ナカマ・ミカタ」は簡単には見限らない

スシローの迷惑動画事件は皆さんにも記憶に新しいところでしょう。大手回転寿司チェーン、スシローの店舗で、客が醤油差しの注ぎ口をなめる迷惑行為を動画に撮り、それをSNSに投稿・拡散した事件です。

この事件はチェーン全店舗、さらに回転寿司業界全体のイメージダウンにつながり、客足への影響も出たほか、スシローを運営する㈱あきんどスシローの株価も一時大幅な値下がりを記録しました。

一方で、事件が報じられて間もなく、スシローのファンを中心に著名人も加わって、「#スシローを救いたい」というハッシュタグの応援ツイートが次々と投稿・拡散され、SNSのトレンド入りしたというエピソードも話題になりました。


また、「ペヤング昆虫混入事件」を覚えている方も少なくないと思います。2014年、『ペヤングソースやきそば』に、昆虫が混入していたことが発覚。

その後すぐに、販売元のまるか食品㈱は、本商品の自主回収のほか全商品の製造・販売の一時休止を決めました。

それから約半年後に製造・販売を再開したのですが、この間、「ペヤングロス」という言葉も生まれるほどファンたちは再開を待ちこがれました。

いざ再開となったときには、ファンたちの歓喜の声がSNS上に上がり、一気にV字回復。その後も売上を伸ばし続け、2020年度には事件当時の倍にあたる150億円に達しています。

ちなみに、ペヤングのコアなファンのことを「ペヤンガー」と呼ぶそうです。『ペヤングやきそば』など各種商品は昨今の値上げラッシュの中で「値上げしない宣言」をしたのですが、2024年6月、ついに約8～14％の値上げに踏み切りました。このときSNS上には、さっそくペヤンガーたちの声が上がりました。

「ペヤング値上げはつらい」

「値上げはマジで困る」

といった声が多かったのですが、これは、これからも買うつもりだからこそでしょう。

一方で、もう買わないといった声は少なく、中には、

「ペヤング値上げが悲報って言うけど、朗報でもある。すでにあちこちでお値段据え置き容量減やってるし。給料に反映されるといいんだけど」

と、企業側の対応を思いやる声もありました。

このようにカウンター型の関係がしっかりと確立されていれば、値上げしようが何をしようが、顧客は容易に離れていくことはありません。

ニチバンでも2022年と2023年に値上げを敢行したにもかかわらず、SAFFの賛同企業がほとんど脱落しなかったという事実が、それを証明しています。

皆さんの企業がめざす方向にともに歩もうとしてくれる仲間、応援してくれたり何か

あってもフォローしてくれたりする味方。そんな心強くありがたい「ナカマ・ミカタ」の関係を築ける顧客を増やしていくことが、値上げ時代を乗り切っていくためのカギです。

## ◎「好き」になるきっかけをつくろう

では、どうすれば「ナカマ・ミカタ」を増やしていけるのでしょうか？

まずは、皆さんの企業や提供している商品やサービスを好きになってもらい、ファンになってもらうことが大前提です。

商品やサービスの品質のよさはもちろん、どこか惹《ひ》かれる魅力、心をつかむ何かを、まず自分たちの側が見つけ出すのです。

また、ニチバンのＳＡＦＦに見られるように、この企業は社会のため、未来のために「ちょっといいコト」をやっている、ちょっといい会社のようだから、応援したいと思ってもらえるようなきっかけをつくるのです。

次項から、工夫を凝らした企画でファンを増やし、ナカマ・ミカタのコミュニティをつくり上げていった例をいくつか紹介します。

## 自分だけのナポリタンで顧客を「ナカマ」に

### カゴメ〝推しナポ〟投稿キャンペーン！

#### ◎「推し」という熱いファンの〝自分だけのナポリタン〟を集めた

食品メーカーでは、商品を使ったレシピやメニューを考案し、チラシやリーフレットをつくって売り場に置いてもらったり、商品パッケージに印刷したりコンパクトサイズのレシピ集をつけたりといった販促は、よく行っています。

自社ホームページの商品ページに掲載したり、つくり方を動画で紹介したりするのも、一般的になりました。

そのような販促レシピを、ちょっと意表をつくキャンペーンに仕立てて大反響を得たのが、カゴメ㈱の〝推しナポ〟投稿キャンペーン！です。

これは２０１８年４月にカゴメのホームページ上で開催されたキャンペーンで、ユーザーから、それぞれが「推し」にしているナポリタンの写真を投稿してもらうというもの。

募集期間中に、3000件もの「推しナポ」が集まりました。中には、行きつけのレストランや喫茶店の「推し」ナポリタンの投稿もありましたが、多くは、わが家自慢のオリジナル・ナポです。

写真に添えられたコメントには、セールスポイントやそのナポリタンをつくった背景など各自のストーリーが語られています。それは「熱い」ものばかり。一見、ありきたりの何の変哲もないナポリタンでも、変哲もないからこそ、好きな人それぞれのこだわりのストーリーがあるのです。

これが単なるナポリタンメニューの提案だったら、キャンペーンの実現自体が難しかったでしょう。

食品メーカーの営業相手と言えば、流通業のバイヤーです。彼らにしてみれば、「ナポリタン？　それはいくらなんでも定番すぎますよ。もっと目新しいメニューをもってきてもらわないと、お客さんの興味は引けないでしょう」

となってしまいがちです。

しかし、カゴメにとってナポリタンは、オムライスと並び、大量にケチャップを使ってもらえるメニュー。全国のお客さんにぜひつくってもらいたいメニューです。

カゴメの「推しナポ」投稿キャンペーン！

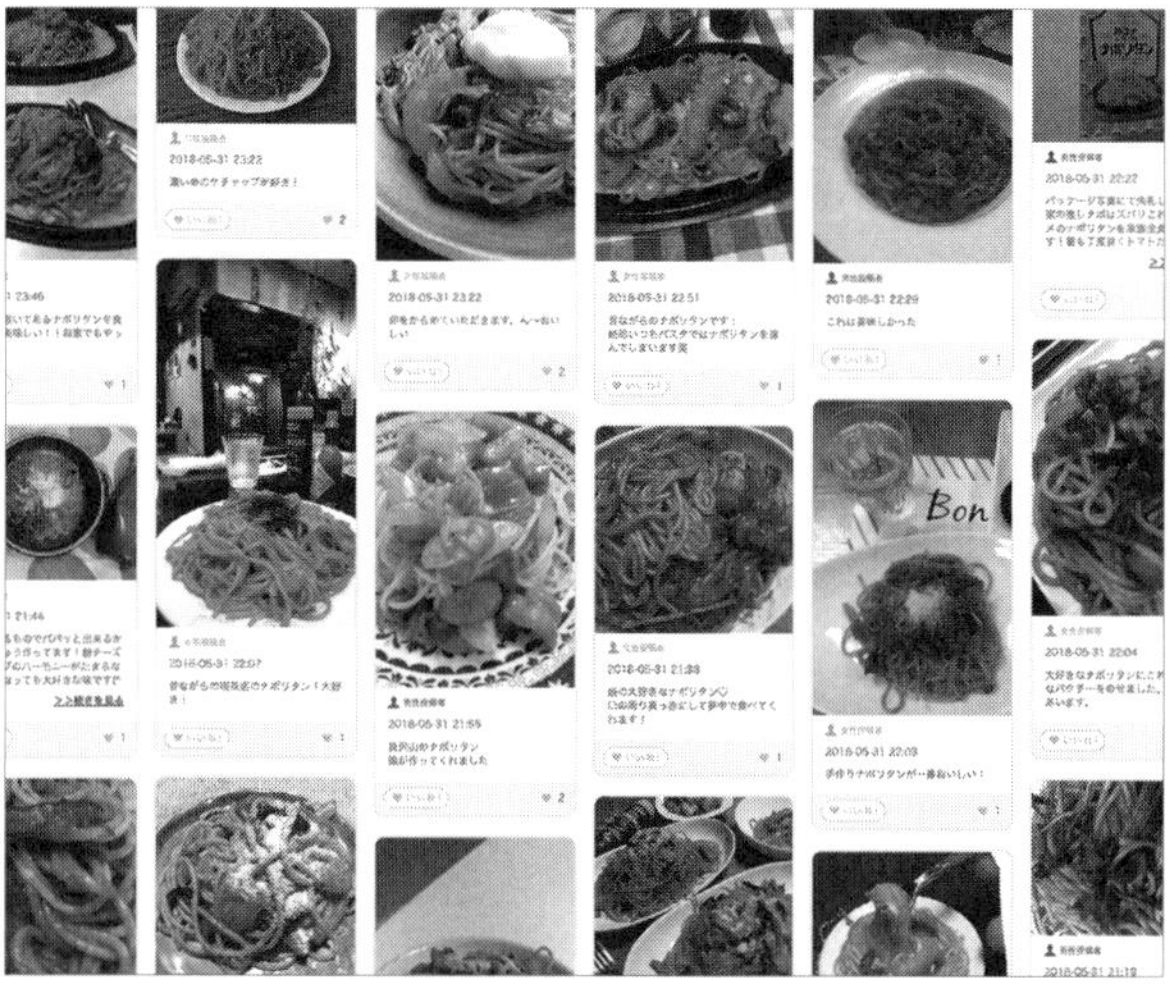


その利点を活かし、メーカー側からの提案ではなく、お客さんに提案していただくスタイルにしたのが「推しナポ」キャンペーンだったのです。

## ◎ユーザーの情報で共感を得る

通常、販促のためのメニュー提案は、どの食品メーカーでも一流レストランのシェフや料理研究家に依頼したり、栄養士や調理師など専門家の立場からレシピを企画・制作し、監修してもらったりします。すると、それなりの経費や人件費などコストもかかります。

この常識を打ち破り、発想を転換して、エンドユーザーのお客さん、素人のお客さんからメニューを提案していただく斬新な企画を打ち出したのです。

お客さんは抽選が当たるかどうかにかかわらず、喜んで「推し」ナポリタンを投稿してキャンペーンに参加、協力してくれたのです。

ナポリタンをこよなく愛し、カゴメというブランド、ケチャップが大好きという共通項をもつファンたちに、メーカーとしても敬意を示して「推しナポ写真」を集めました。

「自分の推しナポが一番だけれど、このナポリタンもなかなか美味しそう。今夜つくってみようかな」

と思い立ち、スーパーでカゴメのトマトケチャップをカートに入れる――。そんなシーンも目に浮かんできます。

それぞれのレシピは、プロの料理人によるレシピに比べれば見劣りもするでしょう。しかし、自分と同じようにナポリタン好きで、カゴメのブランド、商品のファンが推し、語っていることで、圧倒的な説得力や共感力があるのです。

# お客がお客を呼んでくれる仕掛け

## ナリタヤの地元密着レシピキャンペーン

### ◎地場スーパーならでは、の特徴を価値に

スーパーマーケットのナリタヤ（㈱ナリタヤ）は、千葉県内に12店舗を展開する小規模なスーパーマーケットです。

実は、業界では全国で20店舗以下の中小規模のスーパーマーケットは、全体の8割を占めます。コンビニは上位3社で全体の9割、寡占化《かせんか》が進んでいるドラッグストアは上位10社で8割の店舗数を占めており、スーパーマーケット業界は対照的に小規模事業者が多い業態です。

この理由にはスーパーマーケットの主な取扱商品がいわゆる生鮮3品（肉、魚、野菜・果物）や豆腐などの日配品、惣菜など日持ちしないものが多く、周辺地域のみをテリトリーとするほうが商品管理しやすいことも考えられますが、地域ならではの特産物・食べ方な

どローカル色を大事にする日本の食文化も大きく関係しています。そのため、おのずとスーパーマーケットも地域密着型の経営になります。地域の生産者と地域のお客さん、そして従業員もパート・アルバイト含めて皆、地域の人たちで成り立っています。

このような地域密着型経営では、販促キャンペーンやイベントなども、本部が舵をとって差配するよりは、個々の店舗の現場にいる人たち——各店舗の従業員、地域の生産者、そして地域の住民（お客さん）主導で回していくほうが、お客さんの細かなニーズに応えられるはずです。

スーパーマーケットでは節分の日、こどもの日、敬老の日といった、暦の上での行事や節目にスポットを当ててキャンペーンやイベントを行う「カレンダープロモーション」を展開します。このカレンダープロモーションも、大規模チェーン店であれば本部が企画し、各店舗に指示を出したりチラシを準備して配布したりします。

しかし、日本全国共通のカレンダー以外にも、各地域にはそれぞれ固有のカレンダーがあります。地域の自治体のお祭りや記念行事などのイベントのほか、小学校や中学校の入学式・卒業式、それに遠足や運動会などの行事に合わせてキャンペーンを企画するのです。

このようなことができるのも、その地域に住んでいる従業員なら、自治体の行事や子どもの学校行事も事前に把握できるからです。小さいからこそ、小回りのきく、ピンポイントのプロモーションができます。

さらに、そのようなプロモーションの主役となるのが、地域でとれる農水産物や地域のメーカーで生産される食材なら、地域に根差した販売促進を行うことができます。

## ◎小規模スーパーでもPB食品を企画

スーパーマーケットではよく、週のはじめ、月曜日や火曜日に「特売」を行います。特売チラシを打てば、それなりに来店者は増えます。しかし、特売チラシの安値に誘われて来店するお客さんは、チラシを見てにわかにやってくるお客さんや、「価格を買う」お客さんです。

それよりも、いつも来てくれるお客さんを大事にし、「ナカマ・ミカタ」になってもらうことに力を注ぐべきでしょう。価格競争では廉価のPB商品を展開している大手スーパーには太刀打ちできないので、「地域」に根ざしたコミュニティづくりによって「ナカマ・ミカタ」を増やし、売上を伸ばしていくほうが、むしろ「王道」と言えます。

そこでナリタヤでは、前項のカゴメの事例と同様にホームページ上でお客さんからレシピを応募し、大きな反響がありました。

ナリタヤではPB商品も企画・開発、販売しています。その中でも人気筋のひとつ『もつにんにく漬』を使ったお料理レシピを募ったところ、100件近い応募がありました。集まったレシピは、ホームページやチラシなどで紹介されました。それによって紹介されたレシピの投稿者本人はもちろん、「私のレシピが出ているのよ！」と、投稿者から聞いたご近所の友人・知人たちも、『もつにんにく漬』に興味を示して、店舗に買いにきてくれることが期待できます。

このようにお客さんを「ナカマ」として巻き込んでいくことに意味があるのです。『もつにんにく漬』に興味を示してスーパーに寄ったら、ついでにほかの商品も買っていくでしょう。こうしてお客さんから募ったレシピが、立派な販促ツールとして機能するのです。

## ◎食品ロスを減らす「あるもんで」キャンペーンを展開

『もつにんにく漬』レシピキャンペーンの成功を受け、ナリタヤはさらにPB商品を使った料理プラス「あるもんで」レシピキャンペーンを企画しました。

ナリタヤの地元密着レシピキャンペーン

「あるもんで」とは、「家にあるもの（食材）を使ってつくる、あり合わせ料理」のこと。ツイッターやヤフー検索で「#あるもんで」と入力すれば、実にたくさんのあり合わせメニューのレシピがヒットします。これも「食品ロスを減らそう」というムーブメントが背景にあり、食料品の価格高騰も後押しして、ちょっとしたトレンドになっているようです。

このような世の中のムーブメント、トレンドを放っておく手はありません。「あるもんで」で家にある食材だけでなく、ナリタヤPB商品から最低でも１品加えることにすれば、投稿するお客さんは必ずナリタヤのPB商品を買い求めることになります。ここで売上アップも見込めるわけです。ちょっとした工夫をトッピングしたキャンペーンひとつで売上を伸ばすことができ、無理して値上げを我慢したり、値上げによる客離れを心配したりする必要もなくなるのです。

## ◎ナカマ意識を高める工夫

スーパーマーケットではよく、ホームページや店頭で農水産物などの生産者を写真つきで紹介したりインタビュー記事などを掲載したりして、生産者を「見える化」し、スーパーと生産者とお客さんを結ぶコミュニティづくりを行っています。

それだけにとどまらず、ナリタヤではお客さんが参加する投稿型キャンペーンを企画したり、お客さんが自由に発言（コメント投稿）できる「ナリタヤ広場」をつくったりして、ナカマ意識を高めています。こうした企画により、スーパーと生産者とお客さんの絆はより強くなります。

# 生活者や顧客の情報ルートからアイデアを集め、活かす時代に

## ◎生活者や顧客から情報やアイデアを集める手法

生活者や顧客の情報ルートを活かして、彼らがもっている情報やアイデアを集める方法を「カスタマー・ソーシング」、もしくは「コンシューマー・ソーシング」と呼んでいます。インターネットやSNSが発展・進化した現代の「ナカマ・ミカタ」づくりには特に有効で、汎用性もあります。この手法はほかにもたくさんのメリットを生んでいます。

情報源である生活者・ユーザーは裾野が広いだけに、より多角的な情報や斬新なアイデアが発信されてくることも大きなメリットです。さらに、ファンや「ナカマ・ミカタ」、アンバサダーとなってくれる人たちは、営業担当者よりも雄弁です。

人は自分が好きなもの、いいと思ったものは多くの人にも知ってほしいし、好きになってくれるとうれしいもの。それゆえ、ファンやナカマ・ミカタの人たちは、好きなメーカー

やお店、また、その商品やサービスの「ちょっとイイ話」を積極的にＳＮＳに投稿し、広く拡散してくれます。

## ◎信憑性や訴求力がより高まる

お客さんがアンバサダーとなると、いかにその企業や商品・サービスが素晴らしいか、どんなところがよいのかを熱く語ってくれます。

企業が語るより信憑性や訴求力があるため、他の生活者やユーザーたちにも強いインパクトで届き、その情報をキャッチした人が共感してくれたなら、他の人にもすかさずシェアし、どんどん情報を広げてくれます。

まだインターネットなどない時代から、「口コミ」は活用次第で計り知れない威力を発揮してきました。それによって、ほとんど広告宣伝費をかけずに生み出されたベストセラーやロングセラー商品がたくさんあります。

いまはその拡散の速度も規模も、インターネットやＳＮＳの普及でかつてとは比べものにならないほど速く、大きくなっています。

こうした手法で何より重要なのは、「何を言うか」よりも、「誰が言うか」なのです。

# 第6章 WHATよりもWHY！商品ではなくストーリーを売ろう

# 「ストーリー化」で同質化を乗り越える

## ◎数値化できるものでの差別化は、同質化を招く

「差別化は限界」と、第1章でお伝えしました。

これまでは、小売業であれば「安・近・便・大」、加えて有名、つまり、安い・近い・便利・大きい、有名であることが優位性のカギを握っていました。

また、ナショナルブランドであればスペック（機能・性能）などで、食品やサプリメントなどであれば成分などで、差別化を図ってきました。

これらの特徴の多くは数字で表せるもので、その数字を増やしたり、さらに、機能や成分など新しい何かをプラスアルファしたりすれば、それが付加価値になっていました。

しかし、そういう何かが足されたところで、ユーザーはもう〝お腹いっぱい〟の状態。数字や機能の増加といったプラスアルファに価値を感じて選ぶことは少なくなっています。目に見えるもの、数値化できるものでほかとは違うことを示しても、やがてどこの企業も真似をし始めます。つまり、差別化は遅かれ早かれ同質化してしまい、購入動機には

つながらなくなるのです。

また、俳優やモデル、各界の著名人などをキャラクターに起用し、テレビのCMや新聞・雑誌の広告などで露出させて競合他社に差をつけようとする手法も、売り手側が考えているほどの効果が上がっているかどうか考え直してみる必要があります。

いまやごく普通の、自分と同じような立場の等身大のユーザーたちが、「推し」の商品やサービスをSNSなどで熱心に語り、発信・拡散しています。

たとえ著名人や人気タレントなどがCMやインタビューで「愛用しています」と勧めても、その著名人やタレントなどのファンでもない限り、心に響いてこないのです。

高いギャラをもらって愛用者を演じている著名人やタレントの言葉よりも、生身のユーザーが発信する推しストーリーのほうが、よほど説得力や信憑性を感じるのです。

## ◎違いで選ぶ差別化は過去のもの。価値基準は「心・感情」に

違いで選ぶ差別化は、もはや過去のものです。では、これからの時代、何が選ばれる基準、条件になるのでしょうか。

先ほど「心に響いてこない」という表現をしましたが、答えはまさにそこにあります。

ユーザーが、ある商品やサービスにほかとは違う価値を感じて選ぶ基準は、「心・感情」にあります。これまでの機能差・性能差やマスメディアによって発信されるイメージの差ではなく、ユーザー一人ひとりの感情で選んでもらうのです。

「感動した」「共感した」「参加したい」「協力したい」「応援したい」といった感情差が、選んでもらえる商品・サービス、企業となるためには必要不可欠の条件になります。

顧客やユーザーの「心」にどれだけ届くものがあるか、どれだけ「心」を揺さぶり、動かすことができるか——。ここに選択基準がシフトしているのです。

## ◎顧客の心を動かす「ストーリー化」

では、顧客やユーザーの心を動かすためには、どんなことをすればよいのでしょうか。

実は、ここまでの章で紹介したすべての手法に通じるのが、ストーリー化することです。

ストーリー化とは、ある商品やサービスがどんな経緯で企画・開発され、企画・開発者のどんな思いが込められているのかを語り（＝ストーリーテリング）、ユーザーの感動や共感を呼び起こし、認知してもらう手法です。

これにより、商品やサービスそのものを、また、商品やサービスを製作・提供する企業を好きになってもらい、ファンになってもらい、購入動機につなげていくのです。さらに、いざというときに応援・協力、フォローしてくれる「ナカマ・ミカタ」になってもらえるメリットも期待できます。

あまたの商品・サービスから、顧客やユーザーにただひとつのものとして選んでもらうには、まず興味をもってもらわなければなりません。次に、インパクトを与え、記憶・心にとどめてもらうこと。そのための有効な方法が、ストーリー化です。

身近な日常で用語や数字だけを単体で覚えるより、他のものごととの関連づけやストーリーで覚えると記憶や印象に残りやすいことなどはよく経験しているはずです。歴史の年号を「語呂合わせ」で覚えるのも一種のストーリー化です。

ストーリーはそれだけ心の深いところに作用するものだけに、共感の入り口として強い購入動機につなげていくこともできるのです。

企業のホームページや商品サイト、SNSで商品誕生秘話や、商品企画に込められた思いなどを投稿すると、共鳴した人たちが次々に拡散してくれるはずで、いっそうの効果が期待できます。

# 時計に秘められた、わが子への願い

## シチズン時計『シチズン エル』

### ◎素材選びの基準をストーリーに

時計メーカーのシチズン時計㈱が製造・販売する『シチズン エル』は、ジュエリーのようなデザイン性に加え、シチズン時計が開発したエコ・ドライブ（太陽光などの光を電気エネルギーに変えて時計を動かし、定期的な電池交換を必要としない技術）を搭載するなど、「地球環境や人に配慮したサステナブルウォッチ」をセールスポイントにしています。

『シチズン エル』の商品サイトでは、『シチズン エル』のサステナビリティとして、前述のエコ・ドライブをはじめ3つの項目が挙がっています。

その中の「未来のために、いまできる選択」と題した項目に続く次のフレーズに私は興味を引かれました。

## 「誰かを犠牲にしないこと」「持続可能な選択であること」を素材選びの基準に。

誰かを犠牲にしない素材のひとつに紛争鉱物を使わないことがあります。

紛争鉱物とは、コンゴ民主共和国をはじめとした、アフリカ諸国などの紛争地域で採掘された鉱物資源のこと。鉱物採掘国では、鉱物資源の輸出が外貨獲得の重要手段ですが、紛争地域では、その利益が労働者や市民に還元されることなく反政府組織や武装集団の資金源となっている現状があります。

労働者たちは利益が還元されるどころか、奴隷のように酷使され、小さな子どもまで労働に駆り出され、劣悪な環境下で貧困にあえいでいる実態に対して、国際的な規制の必要性が唱えられています。

『シチズン　エル』に使用している鉱物は、これらの鉱物のサプライヤーに毎年調査を行い、製錬所で人権侵害が行われていないことを証明する第三者検証を受けているかを確認することで、こうした悲しい背景とは関わりのない鉱物調達に取り組んでいます。

このような徹底したサステナビリティはそれだけでも付加価値になり得ますが、『シチ

ズン エル』の最大の付加価値は、ブランド誕生に秘められた、そのストーリーにありました。

## ◎ストーリーには「身近な思い」が登場する

『シチズン エル』を手掛けたのは、商品企画部に所属する女性社員のMさん。

私は2019年9月に、一般社団法人ソーシャルプロダクツ普及推進協会の立場でMさんに取材させていただきました。

『シチズン エル』は当初、ヨーロッパ市場向けのブランドとしてスタートしたのですが、ちょうどMさんが育児休業明けで職場復帰したタイミングで、日本を含めた全世界で販売できるようなブランドに立て直すリブランド企画がもち上がっていました。

その担当者に抜擢されたのがMさんでした。

2014年から世界共通の美を再検討し始めました。

それが何なのか、毎日プロジェクトチームで議論していく中で、「人にたとえたら?」という話をしたときに、オードリー・ヘプバーンやダイアナ妃の名前が挙がりました。

その共通点は何かと考えて、積極的に社会貢献をしていたという内面の美に気づいたの

## CSR部署と共同体制でブランドを構築した『シチズン エル』

です。

オードリー・ヘプバーンはその可憐な美しさで一世を風靡《ふうび》した女優ですが、晩年は、アフリカなどの貧困地域に赴いて積極的に社会福祉活動を行っていたこともよく知られています。

めざすものがMさんの中で明瞭になり、確固たるものになりました。

「内面の美しさ・輝きをたたえる時計をつくりたい」

では、時計の内面の美とは？　それを追求する日々が続いていたある日、隣の部署の社員が一風変わったTシャツを着ているのが目にとまります。尋ねたところ、国連のTシャツだと説明されました。隣の部署はＣＳＲの部署ですが、当時ＭさんはＣＳＲのことをあまり知りませんでした。

これをきっかけにＣＳＲの部署と共同体制をとりながら、ＳＤＧｓの視点から見ると、時計の製造から販売まで、一連の過程には、実にさまざまな問題があることに気づきました。先ほどの紛争鉱物の問題、二酸化炭素排出量の問題、過剰包装や数カ国語で書かれた分厚い取扱説明書などです。

こうして最終的には、「エシカル（倫理性）」をコンセプトとする方向性が固まり、種々の問題を一つひとつクリアしていきながら、「地球も自分も美しくする、エシカルなジュエリーウォッチブランド：『シチズン エル』」が誕生したのです。

## ◎子どもたちの未来を共感に

Ｍさんのエピソードの中で私が最も注目したのは、サステナビリティやエシカルといったコンセプトが、単にトレンドだからではなく、誕生した子どもの未来を思う心、子どもに内面の美しい人に育ってほしいという願いも込められていたことです。

これこそがまさに、人の心に響くストーリーです。

『シチズン エル』は、2018年度の国内での売上が発売当初（2016年）の6割増と急成長を遂げています。Mさん自身はその背景を、

「購入層の中心はおそらく価格の点から上の年代が多いものの、学校の授業でサステナビリティやエシカルについて学んでいる若い方の意識が高いので、結果的に幅広い年代に支持されている」

と語っていました。それでも、エシカルという「理念」について、セールストークや店頭で伝えることの難しさを感じているとも話していました。

どうしてこのような時計をつくろうと思ったのか。その原点となったのが子どもへの思いや願いであり、それが内面の美しさであること、それゆえ誰も犠牲にしない時計をつくったと、みずから語ったほうが、この時計の本質的な素晴らしさが伝わり、そこからエシカルという理念の理解にもつながるはずです。

特に、中心的な購買層である比較的年齢が上の年代と、サステナビリティについての知識を学ぶ機会がある若い層の中間に位置する子育て世代。この世代の女性は、子どもにかかる養育費や教育費を考慮すると、自分のために高価な時計を買うことを逡巡するかもしれません。

しかし、この時計には、つくった人の子どもへの思いが込められ、子どもたちが生きる将来への配慮が尽くされた時計であると知れば、同じ子どもをもつ多くの母親が、その思いと配慮に共感を覚え、思わず手にとりたくなるのではないでしょうか。

# 流通に乗らない真珠が、唯一無二の宝石に

## SEVEN THREE.『金魚真珠』

### ◎流通に乗らない真珠に愛おしさを感じる

『SEVEN THREE.《セブンスリー》』は、あこや真珠に特化したジュエリーを製作・販売しているブランドです（社名は㈱サンブンノナナ）。

あこや真珠と言えば、真っ白でゆがみのない球形で、真円に近いほど価値があると一般的には認識されています。

日本の真珠の代表的産地は愛媛、長崎、三重。この3県で全体の9割を占め、中でも三重県の伊勢志摩は、「ミキモト」で知られるあこや真珠養殖発祥の地として有名です。『SEVEN THREE.』のジュエリーは、この伊勢志摩でとれた真珠を使用しています。それだけを聞けば、最高の白さと光沢ときれいな真円をした高級真珠だろうと想像するかもしれません。

ところが、『SEVEN THREE.』のサイトを開いたとたん目に飛び込んでくるのは、トップページ一面にちりばめられた無数の真珠。ただし、どれも真ん丸とはほど遠く、突起のようなものがついていたり、色も黄色っぽいものもあれば青色のものもあったりと、およそ見たこともないような外観のものばかり。

ひと目見たとき、私などは「まるで電球みたいだなあ」と思ってしまったものです。

ゆがんでいる真珠は「バロック真珠（バロック＝「ゆがんだ」の意）と呼ばれ、多くは流通に乗ることがなかったり、乗ったとしても加工業者などに破格の安値で取引されています。

しかし、『SEVEN THREE.』のジュエリーに使われているのは、このような真珠ばかり。しかも、訳アリ品として値引いて売られているのではなく、真円の真珠のジュエリーと同価格帯の値段で売られているのです。

従来、真珠業界では厳しい基準で品質を保ち、産業を成り立たせてきた歴史と伝統があります。そのうえで、そうした伝統にとらわれない新しい価値が「ストーリー」から生み出されたのです。

“金魚真珠”の愛称からブランド化した『SEVEN THREE.』

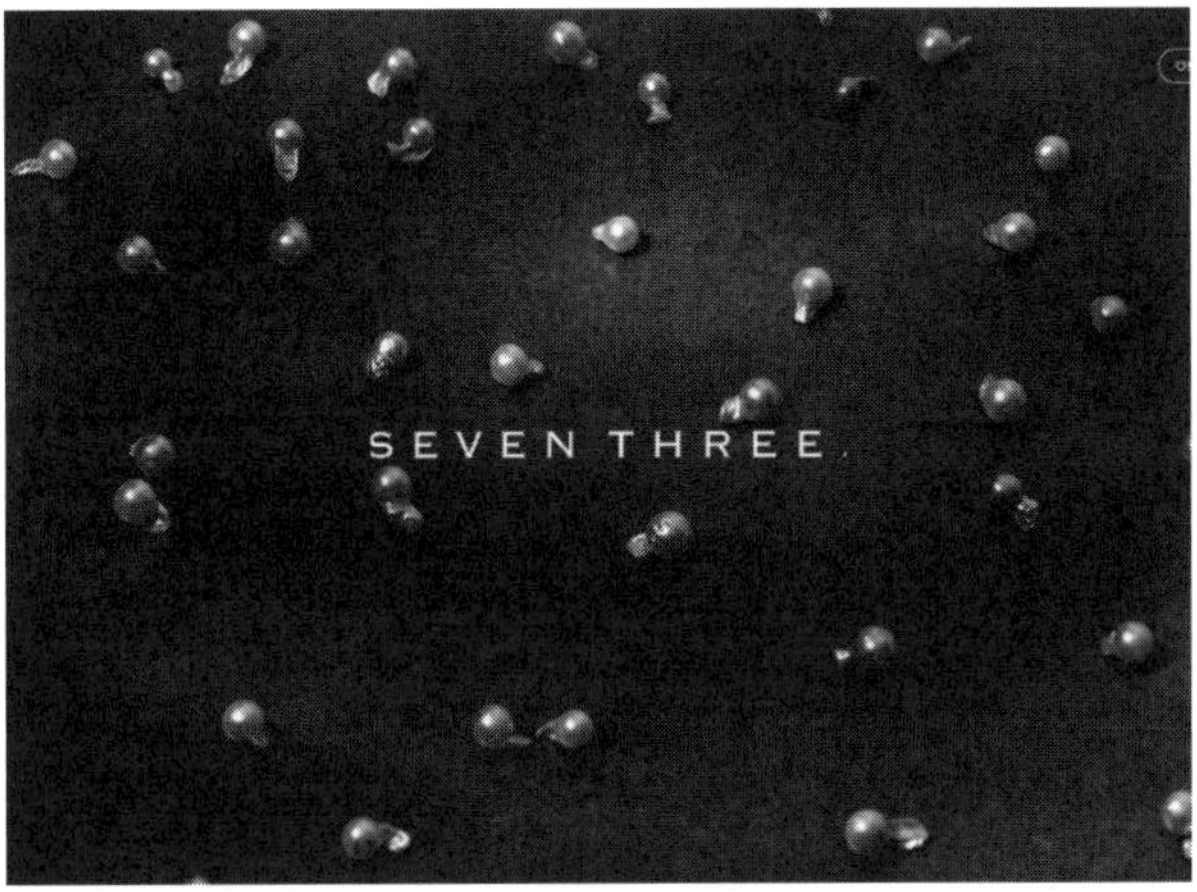


### ◎祖父の仕事を間近で見ながら感じた「真珠の個性」

『SEVEN THREE.』をプロデュースしているのは、伊勢志摩出身の尾崎ななみさんという女性。

祖父が真珠の養殖業者で、幼い頃から祖父の仕事を間近で見ながら、真珠に興味と親しみをおぼえていました。ただ、家業を継ぐことはまったく考えておらず、高校卒業後は上京してモデルやタレントの仕事をしていました。

その尾崎さんが真珠に関わりながら新しい人生を歩むことになったターニングポイントは、祖父の仕事を手伝う機会ができたときから。あこや貝から真珠を取り出し出荷するまでの過程で行われる選定、つまり、形・色・大きさなどの基準から仕分けを行う作業を手伝っていた際に、尾崎さんはそれまで思いもよらなかったことに気づきました。

真珠は同じ手間暇と歳月を費やしても、一粒ずつ色も形も異なり、それぞれの個性をもって生まれてくること、そのすべてが自然の恵みの美しさをたたえていること、です。

しかし、尾崎さんには美しく愛おしく思える真珠も、出荷できる形・大きさ・色の基準を満たさないものはすべて取引されない現実に衝撃を受けます。

母貝の中で静かに育まれ、真珠として成長するまでには、気が遠くなるほどの手間と3～4年という長い歳月がかかります。職人さんたちが手塩にかけ、生まれてきた結晶なのに、その労苦が無に帰してしまうことにも心が痛みました。

「この真珠たちにも、なんとかして陽の目を見る機会を与えてあげられないものだろうか。職人さんたちの労苦に報いることはできないものか」

と考えるようになります。

そんなある日、思わず目にとまった突起のようなものがついた真珠に、「まるで金魚みたい」と思った尾崎さん。さっそく「金魚真珠」という愛称をつけ、そのままの形で売り出すことを思いつきました。

そして、伊勢志摩の真珠を守り、職人の支援につながることをしたいという思いから、『SEVEN THREE.』というブランドを立ち上げることにしたのです。

以後、「どんな姿形の真珠であっても、すべてが自然の造形美。真白、真円だけでなく、もって生まれた色や形はそのままで美しい」という信念のもと、「金魚真珠」をはじめとした多種多様な色や形の真珠を、それぞれの個性を活かし、無着色・無加工でジュエリーに使用。『百花―HYAKKA―』というコレクション名で、ペンダント、指輪、ピアスや、男性の方でも身につけられるピンバッジなどを製作、販売しています。

養殖業者さんからの仕入れ価格も、「訳アリだから安く値引く」ことはせず、業者さんの希望価格で買い取っています。

その仕入れコストを販売価格に転嫁すれば、当然、通常の真珠と同じくらいの価格になります。

しかし、これまで価値のないもののように扱われていた真珠が、チャーミングな名前をつけてもらうことで価値あるものになりました。「価値化」されたのです。

まして、すべての真珠の個性は唯一無二の造形美なのですから、それまでの伝統的な基準の真珠も「金魚真珠」も、まったく同等なものです。価格差をつける理由は、何もありません。

## ◎新しい価値が新しい顧客を生む

これまで真珠は、冠婚葬祭用、また、ある程度上の年齢層に向けたジュエリーアイテムというイメージで見られてきました。

しかし、小ぶりで金魚のようにかわいらしい形は、カジュアルな普段使いもできるなど使い回しもきき、これまで真珠には興味をもたなかった若い人たちの間でも人気が出てきました。

色も形も同じものはひとつとしてない真珠から、世界で自分だけの真珠を選ぶという特別感を味わえるのも魅力のひとつでしょう。

「冠婚葬祭用にフォーマルなネックレスひとつあれば、それ以上買い足すこともないと思っていたけれど、それとは別のものとして買っていく」

というお客さんも多数いるようです。そのため、伝統的な真珠市場と競合せず、養殖業者にとっては通常の真珠による収益を減らすことなく、プラスアルファの収益を上げられるメリットがあります。

## ◎直感的なネーミングもストーリー化に貢献

「金魚真珠」が人びとを引きつけるのには、その名前もひと役買っています。

尾崎さんが外観から「金魚みたい」と思ったそのままを商品名にしたことが、実にわかりやすく親しみやすく、愛らしく、多くの人の心を捉えます。

このような感覚・感性によるネーミングは、ネーミングやコピーライトをプロとして手掛ける業界人にはできにくいものです。商品・サービスのコンセプトや理念などから入っていくのが常だからで、見た目の感じからなど、あたかもニックネームをつけるようなネーミングは、あえて避けて通るのです。

しかし、プロが理屈をこねたり、ひねりにひねったりしてつけた凝った名称よりも、見た目の感覚からつけたシンプルで感覚的で親しみやすい名称のほうが、覚えやすく印象に残ることがあります。

「語呂合わせ」同様、ネーミングも一種のストーリー化と言えるでしょう。

商品名そのものからストーリーが思い浮かべられるような名称が理想ですが、玄人はだしの洗練された名称になっているかどうかより、心に残り共感を呼ぶことが大事なのです。

## ◎ていねいにつくり込んだウェブページにストーリーを載せる

ストーリー化の効果も、そのストーリーを公表しなければ奏功しません。

尾崎さんは伊勢志摩の観光大使を務めて地域の活性化にも貢献しており、双方の面からアピールする状況をつくり出しています。

また、『SEVEN THREE.』のブランドページは、非常にていねいにつくられています。サイトのページをめくっていくほどに、それこそ「金魚真珠」のストーリーが展開されていく流れになっており、引き込まれていきます。

特にそのサイトのトップページを下にスクロールしていくと、次のコピーがあります。

白玉は　人に知らえず
知らずともよし　知らずとも
我れし知れらば　知らずともよし

万葉集から引用された歌（詠み人・元興寺《がんごうじ》僧）です。

真珠のように、己の価値は他人には知られずとも、自分自身が知っておけばよいという意味ですが、いま風に解釈すれば、

「たとえ他人になかなか認められなくても、どんな人にもその人だけがもつ価値がある。そんな自分を信じて、ありのままの自分を輝かせて生きればよい」

というメッセージとも捉えることができます。

たった38音字の中に、尾崎さんが人びとに伝えたいと願っている、すべての真珠がもつ本質的な価値、この世に生まれ育まれてきた命の愛おしさ、尊さが、雄弁に物語られているのです。

「金魚真珠」に秘められたストーリーとメッセージは、透き通った海の底深くまで届く光のように、人びとの心に静かに、確かに、伝わっていくはずです。

# 大阪の洗剤メーカーが日本中で愛される理由

## サラヤ『Happy Elephant』

### ◎象と洗剤の不思議な組み合わせ

グリーンの容器に、『Happy《ハッピー》 Elephant《エレファント》』という商品ブランド名と、「森林を歩く象」のロゴが描かれている、そんなパッケージの商品がエコ（ブランド）市場でヒット商品となっています。

製造・販売しているのはSARAYA（サラヤ㈱）という大阪の会社です。同社は洗剤類を中心に、手洗い用品や消毒・除菌用品、台所用品、洗濯用品、掃除用品、スキンケアやヘアケア用品などの日用品全般を提供しているメーカーです。

それにしても洗剤に「Elephant ＝象」とは、ちょっと不思議な組み合わせです。ロゴの「森林を歩く象」やブランド名の『Happy Elephant』（幸せな象）に表される「象」と商品の「洗剤」には、いったいどんなつながりがあるのか謎めいています。

サラヤの『Happy Elephant』

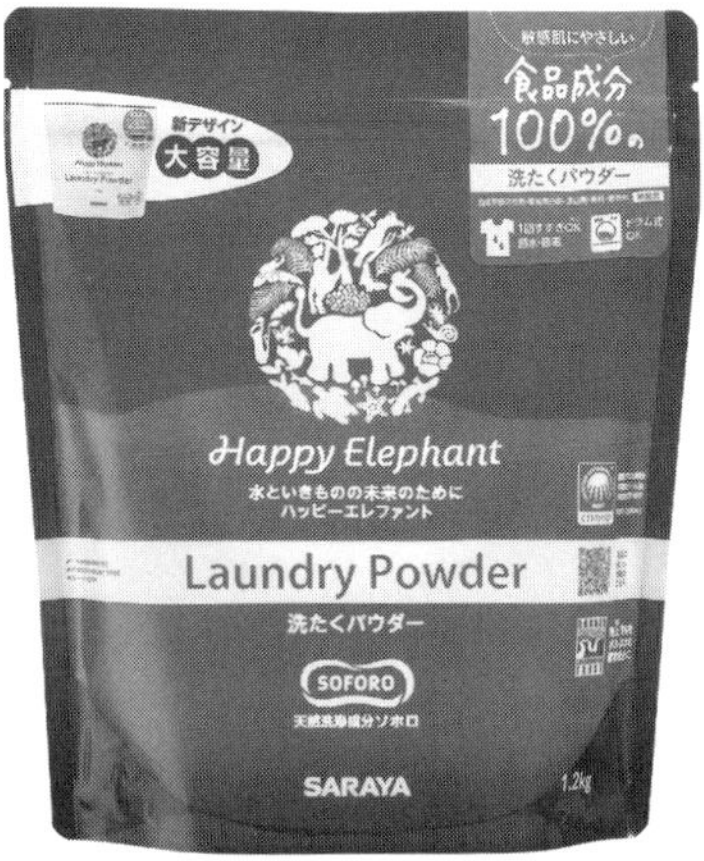


実は、その謎の裏に潜む「ストーリー」が、この商品に特別な「価値」を与え、他に類を見ないヒットへのきっかけとなりました。

## ◎罠にかかって苦しむ仔象を見て感じたこと

サラヤでは、「『ひとと地球にやさしい製品づくり』によって、人びとの『笑顔・環境・健康』に貢献する製品とサービス」をコンセプトに、1952年の創業当初から天然素材を使用し続けています。

天然素材として採用されているのは、1980年代まではココヤシからとれるヤシ油がメインでした。現在では、アブラヤシからとれるパーム油、パーム核油が主流となっています。

しかし、サラヤでは、それがアダとなって、「ひとと地球にやさしい」どころか、環境破壊や動物虐待と言ってもいいようなことをしている企業との糾弾を受け、存亡の危機に直面したことがありました。

それは『Happy Elephant』を企画した代島裕世《だいしまひろつぐ》取締役が広報担当だった当時、あるテレビ局から、「貴社が製造販売しているエコ洗剤の原料であるパーム油の原産地・ボルネオ島のドキュメンタリー番組に出演して、コメントをもらえませんか？」と誘われたときに始まりました。

植物油の中でパーム油は世界で最も需要が高く、生産量も世界ナンバーワン。その生産量の約8割をインドネシアとマレーシアの2国で占めています。特に、インドネシアとマレーシアとブルネイで領土を分け合うボルネオ島がその主要産地で、ボルネオ島の熱帯雨林は多種多様の野生動物が生息することでも知られています。

しかし、大量のパーム油を生産するために、その熱帯雨林の樹木が根こそぎ伐採され、広大な面積のアブラヤシ農園がつくられていました。この番組取材は、日本の消費者がボルネオの熱帯雨林を破壊しているアブラヤシ農園の実態を知らなすぎることに警鐘を鳴らすために企画されたもので、決して「ヤシノミ洗剤」を悪者にしようという意図はありませんでした。

　取材チームが足を踏み入れたのは、東マレーシア領・サバ州のキナバタンガン川流域。ここには巨大なアブラヤシ農園が広がる一方で、地元住民が小さな野生動物を捕獲するためのワイヤートラップがあちこちに仕掛けられています。その一画で、トラップのワイヤーに前足や鼻が引っ掛かり、苦しんでいる仔象の姿が放送されました。そして、番組内容を事前に見たサラヤ2代目社長・更家悠介《さらやゆうすけ》氏の「こんな現実は知らなかった。知ったからには行動を起こしていく」というコメントも流れました。

　するとたちまち、視聴者からサラヤに、クレームの電話が次から次へとかかってきました。

「ヤシノミ洗剤をつくるのをやめるのが一番の解決方法では？」

という意見が多数でした。代島氏は番組制作会社から情報収集して、これからやるべきシナリオをつくりました。これに更家社長も理解を示してくれました。

　更家社長は、代島氏の話を聞いて本気で問題意識をもって、何らかの変革、アクションを起こさなければと行動に出ます。ボルネオ島に直接出向き、現地の州政府と対話し、ボルネオ島の生態系を守るための新しい取り組みを共同で行わないかとオファーしたのです。

ところが相手の州政府の対応は、「プロジェクトを提案するなら、それを実行する資金も提供してください」というものでした。あまりのことに愕然とするのですが、パーム油は現地の貴重な財政源。熱帯雨林を切り開いてアブラヤシ農園をつくってパーム油を生産・輸出することで財政を確保していくうえで、象やオランウータンを守る活動を始めなければ消費者や環境保護団体の理解を得られないことはわかってもらえました。

## ◎自社独自の環境保護を展開

1990年代から、ヨーロッパ諸国では、環境NGOが中心となり、ウェブやマスメディアを通して、傷つく仔象や親を殺されて保護されるオランウータンの子どもの映像などが配信・報道されるようになります。

このような運動の高まりの中で、WWF（世界自然保護基金）などの団体が中心となり、2001年に国際NPO「RSPO（Roundtable on Sustainable Palm Oil：持続可能なパーム油のための円卓会議）」が設立されました。

サラヤは２００５年のＲＳＰＯに第３回の円卓会議からメンバーとして参加。２０１０年には持続可能な生産が行われていると認められたパーム油を使用する製品を認証するＲＳＰＯ認証も取得しています。

ちなみにＲＳＰＯ認証は、いまや日本国内２５０社を超える多数の企業が取得しています。国内企業でその先陣を切ったサラヤはさらに、自社独自の環境保護への取り組みを展開します。

実行したのは、ボルネオ島熱帯雨林の回復と生物多様性保全を目的とした新たなＮＧＯ「ボルネオ保全トラスト（ＢＣＴ）」の設立です。そして、民間企業に求められるのは活動資金の提供だと心得たサラヤは、パーム油を使ったヤシノミ洗剤等の商品の売上の１％をＢＣＴに寄付することにしました。

ＢＣＴに積み立てられた基金を原資に、ケガをしたり孤児になったりしたボルネオ象を保護・飼育する施設をつくりました。こうして、ボルネオの環境保全と地元の貴重な財源であるパーム油生産の両立を図る取り組みを行ったのです。

このような経緯から２０１２年にサラヤが発売したのが、『Happy Elephant』シリーズです。

象が幸せなら、きっと人も幸せ。ボルネオの生態系の頂点にいる象が幸せなら、きれいな水と環境が保たれ、いろいろな生き物と人間が共生する。そんないのち輝く地球でありたいとの思いを具現したのが、『Happy Elephant』シリーズです。そのシンボルとして「森を歩く象」をかたどったロゴが生まれたのでした。

このような取り組みを積み重ねた先の、『Happy Elephant』のヒット。顧客にとっては、商品を買うことで、支払った代金の一部がボルネオ島の自然環境や動物たちの命の未来につながっていくという、「ちょっといいコト」をした気分になれる価値が付加されます。

しかし、何より『Happy Elephant』が人を引きつけているのは、その誕生までのエピソード、ストーリーです。代島氏がシンポジウムなどで講演をするたび、『Happy Elephant』シリーズを誕生させるきっかけとなった、ボルネオ島で見た傷ついた仔象のエピソードを、じっと聞き入っている人もいるそうです。

# ストーリー化のポイントは「3W＋1H＋1V」

## ◎「なぜ、どうやって、誰が、何を」めざすのか

ストーリー化は、「想像力をかきたて、目に浮かぶように物語として見せること」と定義づけることができます。

まず、ある商品・サービスが企画・開発され、実際に商品・サービスとして世の中に出るまでには必ず何かしらのストーリーがあるはずです。

企画・開発の動機やきっかけ、誰がその商品・サービスを手掛けたのか、実際に商品化・サービス化するまでにどんなことを行ったのか、どんな課題があり、どのように乗り越えていったのか、その商品・サービスによって、どんなことをめざしたのか、などです。

これら商品・サービスにまつわるいろいろな人の思いや出来事、ビジョンを、ただ正直に素直に、ありのままに語ればよいのです。

よく、情報伝達で大事なのは「5（4）W1H——When（いつ）・Who（だれが）・What（何を）・Why（なぜ）・How（どうやって）」を明確にすること、と言われますが、それになぞらえて、「ストーリー化」では次ページの図の「3W＋1H＋1V」が重要ポイントとして挙げられます。

この中でWhatは従来、商品やサービスの価値とされてきた差別化ポイントです。その差別化に限界がきているために、それに代わる価値を生むものとして「2W＋1H＋1V」がとりわけ「核になるポイント」となります。

## ◎すべての項目を盛り込まなくてもよい

ストーリー化にあたっては、ここに挙げたポイントすべてを網羅しなければならないわけではありません。むしろ、すべて盛り込もうとすると冗漫にもなりかねないので、適宜、取捨するほうが印象に残りやすくなります。

『Happy Elephant』のストーリーも、「代島氏（Who）がボルネオ島で目の当たりにした現実をきっかけに（Why）、象が幸せになれるなら、きっと人も幸せになるというコンセプト（Vision）のもと、『Happy Elephant』をリリースした」と言うだけ

ストーリー化の「3W+ 1H+ 1V」

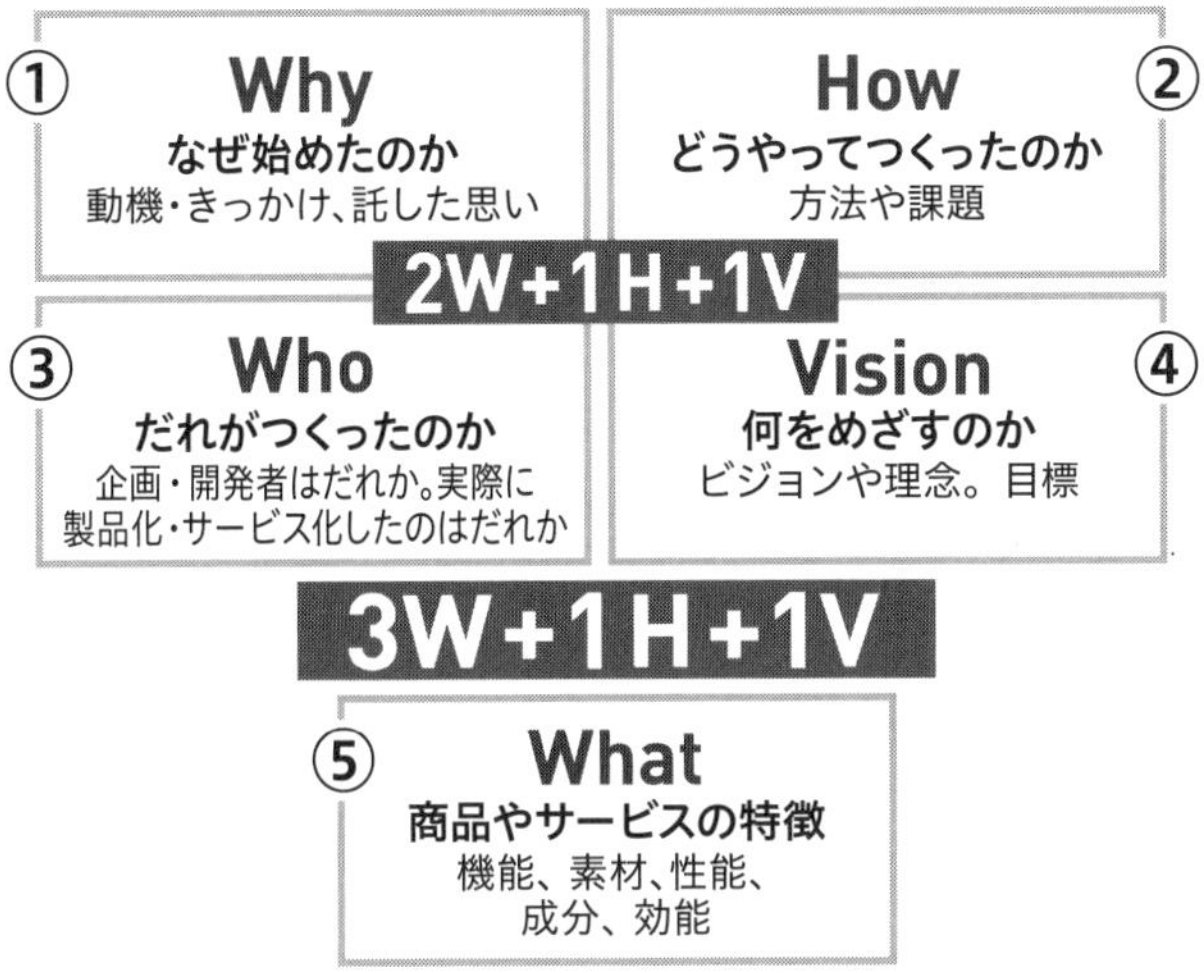


で、人の想像をかきたてるストーリーになります。

ストーリー化の効果もストーリーを公表してこそですが、ストーリーを語る対象（誰に語るのか）、媒体（SNSかWebサイトか、販売やサービス提供の現場で直接話をするのか、イベントなどでスピーチするのか、マスコミにインタビューや記事を取り上げてもらうのか、など）によっても、「3W＋1H＋1V」の取捨選択は変わってくるでしょう。

## ◎当事者が語ることが大切

そのストーリーを「誰が（誰の言葉で）語るのか・伝えるのか」は、訴求力やインパクトをもたせるうえで重要なファクターです。

ズバリ、ここはストーリーの主体、当事者がみずからの言葉で伝えるに勝るものはありません。

テレビショッピングでも、人気タレントがMCを務めるケースも多いようですが、主催する通販会社の社長や、取り上げる商品のメーカーや販売会社の社長・社員が自社商品を紹介しているケースもあります。やはり後者のほうが説得力があります。

代島氏と仔象のエピソードも、他の第三者が代弁者となって語るより、更家社長や代島氏自身が実体験として、事実も感情もそのままに自分の言葉で語ったほうが強く印象に残り、共感を呼ぶはずです。単なる「温度差」と片づけられない、伝える者の心と伝えられる者の心の共鳴、感情の揺さぶりがあるからです。

かつての「差別化」の時代から、いまは感情で選ぶ「差異化」の時代へシフトしています。ストーリー化は、その「差異化」の最もシンボリックな手法なのです。

# 第7章 いまどき、「モノ」より「参加」がプレミアム

# 「モノ」より「参加」が購買の動機に

## ◎付加価値を感じる対象が変わった

商品・サービスや企業の認知、購買促進のために行われるプレミアムキャンペーンやノベルティ配布。

キャンペーンの抽選で「当たるかもしれない」プレミアムや商品・サービスの購入で「もれなく」もらえるノベルティは、対象商品・サービスの「付加価値」として機能してきました。

プレミアムやノベルティには、いかに相手の心をくすぐるアイテムを選ぶかが非常に重要なポイントです。

「ありふれたものより、オリジナリティがあるもの」や、「安っぽさがなく、高級感があるもの」が好まれ、ときにはプレミアムの豪華さや稀少性が話題になったり、商品そのものよりノベルティグッズのほうが大きなブームを巻き起こしたりすることもあります。

## ◎キャンペーンは参加型へ

しかし近年、こうした潮流にもちょっとした変化が表れています。

いまはモノがあふれ、たいがいのものは容易に手に入る時代。しかも価値観や好みが多様化しているので、一律的に決められたプレミアムやノベルティでは、それがよほど自分のニーズやセンスに合ったものでもない限り、購入する動機には結びつきません。

最近では、「モノ」ではなく、「アクション」や「ムーブメント」「取り組みへの参加」をプレミアムとするキャンペーンが人気を博しています。

そこで浮上してくるのが、参加型キャンペーンです。

事実、第5章で紹介したカゴメやナリタヤのレシピ投稿キャンペーンが大盛況だったのも、参加したい顧客がいかに多いかを如実に物語っています。

この参加型キャンペーンの仕組みも一様ではなく、いろいろなパターンがあります。そのいくつかの事例を見ていきましょう。

# 郷土を応援できるプレミアムで地元に貢献

## オリオンビール「デザイン缶」キャンペーン

### ◎郷土愛に徹することでつくられる新たな関係性

ローカルに徹することを最大の武器に地元に貢献するキャンペーンに、全国から参加者が集まり、ファンを拡大している企業もあります。その一例が沖縄のオリオンビールです。

オリオンビール㈱は1957年、まだアメリカの統治下にあった時代の沖縄で創業しました。以来、沖縄を代表する企業として地元産業・経済を牽引し、近年、「沖縄から、人を、場を、世界を、笑顔に。」という新しいミッションを打ち出し、その言葉通り全国津々浦々に、さらには海外向け限定商品を開発するなど、国境を超えたオリオンビールファンを獲得しています。それでも、企業アイデンティティは一貫して「沖縄」にあり、それはこれからも変わりません。

その一貫性は、まず商品の特徴に表れています。オリオンビールで製造される商品（ビール、チューハイなど）は、水も大麦も、原料のほとんどが沖縄産。それゆえオリオンビールは沖縄のソウルビールとして地元で愛され続け、沖縄県外の人にもコアなファンから根強い支持を得ています。地元にこだわるマインドが、地元や故郷への思いに重なり、共感を呼んでいるのです。

## ◎郷土に由来するデザイン缶で寄付、郷土に還元する

このオリオンビールの「沖縄愛」を象徴するもののひとつに、季節や数量を限定して発売される、「デザイン缶」の商品キャンペーンがあります。

このデザイン缶に描かれるのは、もちろん、すべて沖縄に由来するものです。

2023年夏には、地元のプロバスケットボールチーム・琉球ゴールデンキングスが2022―2023シーズンでリーグ優勝を果たしたことを称え、デザイン缶のビールが発売されましたが、またたく間に完売しました。

また、何より根強い人気を誇っているのが、首里城のイラストをあしらった「首里城復興支援デザイン」です。

2019年10月に火災で焼け落ちた首里城の1日も早い再建・復興を願い支援するた

めに、2021年に数量限定で発売されて以後、2022年、2023年にも新デザインにリニューアルされて発売されています。

このデザイン缶では、売上の一部が首里城復興支援活動に寄付され（2021年時は1本につき3円）、2022年には、首里城の建築資材として使われるイヌマキ（チャーギ）という樹木の植樹・育樹を実施しました。

首里城復興支援以外にも、2022年1月には、「沖縄・奄美　世界自然遺産登録記念」で、沖縄・奄美の動植物をモチーフとしたデザイン缶が発売されています。こちらも売上の一部が、沖縄・奄美の環境保全活動に活用されています。

## ◎参加する実感を得られる取り組みに

これらのデザイン缶によるキャンペーンの特典ですが、ひとつは、季節限定・数量限定の稀少なスペシャルデザインです。

主に沖縄県出身のデザイナーの手による、「〜応援」「〜支援」「〜記念」など、それぞれのテーマが象徴的かつ印象的にデザインされた缶は、マニアやコレクターにとっては垂涎《すいぜん》ものでしょう。その缶はオリオンビールの取り組みや活動に参加した証しにもなります。

## オリオンビール「首里城復興支援デザイン」

しかし実は、多くの購入者＝キャンペーン参加者にとっての一番の特典は、ゴールデンキングスを応援できることだったり、首里城再建・復興支援に貢献できることだったりします。何かに貢献できることに価値を見いだす時代にシフトしているのです。

そうした活動に参加することを通して、「ちょっといいコト」をした気分になれるという充足感や満足感。それこそが、いまの時代にプレミアムと感じてもらえる特典なのです。

## 付加価値によって営業が自信をもって商談

### 湖池屋『JAPANプライドポテト』

### ◎それぞれの地域色ある商品を全国で販売

湖池屋の『JAPANプライドポテト』シリーズは、フライドポテトに引っ掛けた「プライド（PRIDE）」が示す通り、「『日本の誇り』である風土・文化や素材を発信する」がコンセプト。日本各地の特産品や名産品をフレーバーの素材にし、パッケージにもその地方を象徴するデザインが描かれています。ところが販売は、それぞれの地域限定ではなく、全国販売されています。

「プライドポテト」シリーズは、2017年2月に発売してわずか半年足らずで20億円を売り上げ、2018年2月には発売開始1周年を記念して、「湖池屋JAPAN PRIDEプロジェクト」を始動しました。一部商品において、その地の環境保全や地域振興などの活動支援のために、1袋につき1円の寄付を行っています。

湖池屋『JAPAN プライドポテト』シリーズ

爆発的な人気を呼んだのは、ちょっと変わったフレーバーを食べてみたいという好奇心やグルメ志向だけでなく、「自分のふるさとなど、ゆかりのある地だから」「特別な思い出がある土地だから」といった思い入れも購入動機になります。さらにそんな思い入れから発展し、その地域の支援活動への参加も有力な購入動機のひとつになります。

パッケージの袋はいくら特別仕様と言っても、オリオンビールの「缶」とは違って耐久性もなく、わざわざこれを捨てずにとっておくのも少々考えにくいものです。

しかし、地域支援の輪に加わった「証

し」はなくとも、自分が「ちょっといいコト」をしたという貢献意識を刺激することだけでも、十分、付加価値になり得るのです。

## ◎「寄付金付き」商品の隠れたメリット

このような「寄付金付き」の商品は、購入者にとって付加価値になる一方で、メーカー側にとっては、売上の一部が寄付に回れば、その分、利益が縮小されるようにも見えます。

しかし実は、それを補ってあまりあるメリットがメーカー側にもあるのです。

それは、営業担当者が自信をもって商談できるようになること。

ポテトチップスをはじめとしたスナック菓子類は、スーパーマーケットなどの特売の定番商品で、値引きの対象になり、薄利多売を余儀なくされやすい商品です。しかし、売上の一部が寄付金や何らかの支援活動に回される商品は、価格交渉がなくなるわけではないものの、営業担当者が自信をもって商談できるようになるのです。

# 「寄付」付きボールペンがもつ最大の強み

## ゼブラ『サラサクリップ赤い羽根』

### ◎普通のボールペンに付けた「プレミアム」

さらさらとした書き味が特徴のゼブラ製ジェルインクボールペン『SARASA《サラサ》』。そのクリップに「赤い羽根」マークが付いている商品があるのをご存じでしょうか。

このマークが付いた『SARASA』（商品名：『サラサクリップ赤い羽根』）は、「中央共同募金会」と「ゼブラ㈱」との協働で、ゼブラがユーザーに代わって、1本当たり一定額を中央共同募金会に寄付しています。

寄付金はその後、各都道府県の売上高に応じて全国の共同募金会に配分され、「地域の子どもの学びを支援する事業」に活用されます。2016年2月の発売以来、累計で約2300万円が寄付されています（2024年3月末時点）。

『サラサクリップ赤い羽根』は、全国の大型文具店・ネット通販などで販売されているほか、自治体イベントや企業がお客さんに提供するノベルティとしてもよく利用されています。

ノベルティとして取引される商品は、購入ロットが大きい分、1個当たりの仕入れ価格を通常価格より割り引かれるのが常です。しかし、『湖池屋プライドポテト』同様、「社会貢献の商品である」として、営業担当者が自信をもって営業交渉できるようになります。

ひと言で言えば、この赤い羽根マークが「プレミアム」になっているのです。

## ◎本当の付加価値は何か

このプレミアムの価値は、赤い羽根マークを付けたデザインにあるのではなく、「少しだけでも社会貢献に参加できること」「ちょっといいコトをした気分になれること」にあります。

赤い羽根マークはそういう行動の証しであり、そのような気持ちをあらためて思い起こさせてくれるのです。

購入したユーザーはもちろん、ノベルティとしてもらった人にとっても、ただのボールペンより赤い羽根マークの付いたSARASAのほうが、もっていてちょっとうれしい気

『SARASA × 赤い羽根』

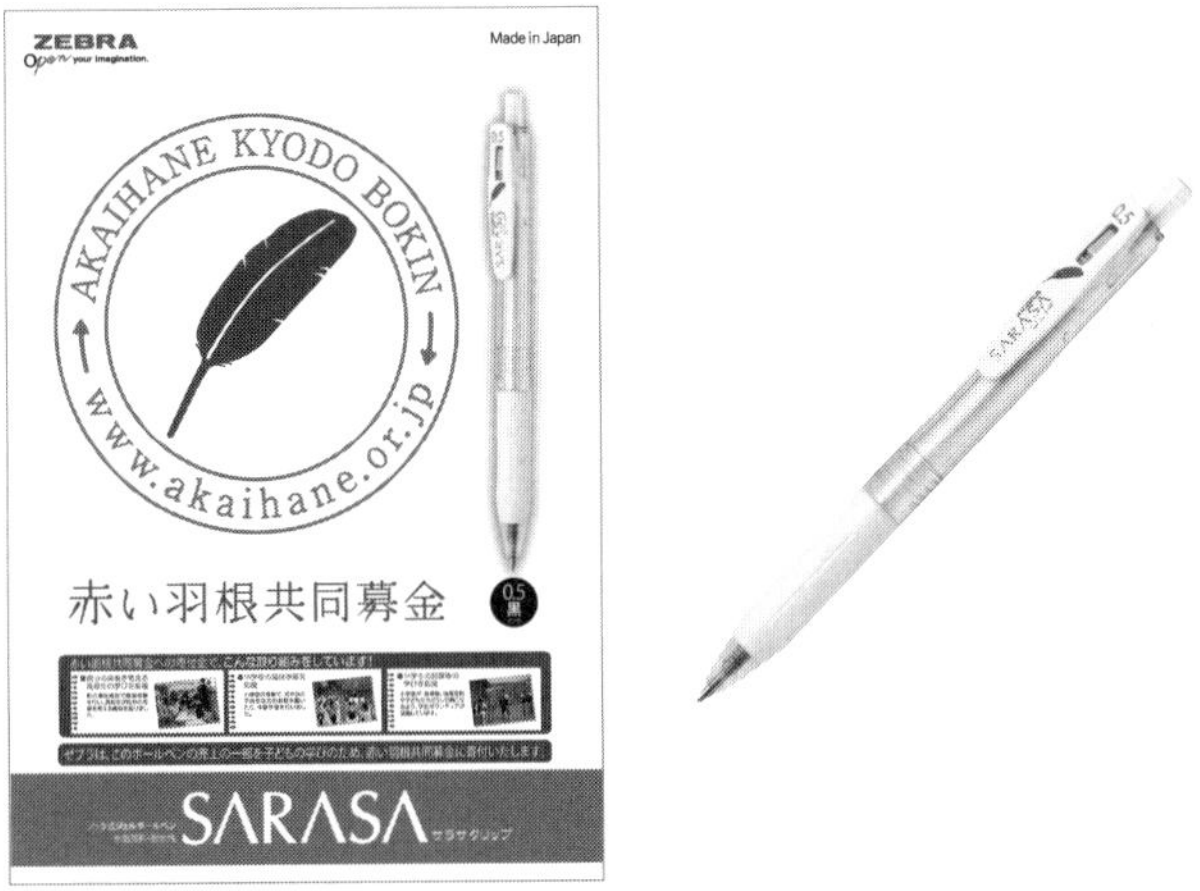


分になるはずです。「誰かの役に立っているボールペン」なら、大事に使おうという気持ちにもなるでしょう。

この商品を介して、売る側・渡す側と、買う側・もらう側が、その商品の「誰かのためになっている」という価値や意義を共有し、同じ方向を向いているカウンター型の関係にもなれるのです。

## 商談のためではなく、「お客さんの笑顔」のために

### ◎取引先のバイヤーに喜んでもらうためのものではなく

『湖池屋JAPANPRIDEポテト』や『サラサクリップ赤い羽根』のような、売上の一部が寄付される商品を展開する際に、忘れてはならないことがあります。それは、寄付が商談を有利に、スムーズに進めるためのものでも、バイヤーに喜んでもらうためのものでもないということです。

プレミアムをつけたりキャンペーンを行うのは、お客さんに届けるため、また参加してもらうため。そこで喜んで楽しんで笑顔になってもらうため、です。ところが現実には、商談相手のバイヤーたちにウケがよさそうな、彼らが飛びつきそうなプレミアムやキャンペーンを企画してもっていくことが行われています。商談の際には、商品とともにプレミアムのサンプルをお土産に持参し、「ご家族にどうぞ」と渡し、その場を和やかにして商

談をスムーズに進めようとすることも常態化しています。

また、プレミアムやキャンペーンのほかに、最も強力な販促手段としてCMや新聞広告にこだわることも依然として根強くあります。

確かに、かつては新発売から2～3ヵ月の間にテレビCMや新聞広告を大々的に打って売上を伸ばし、その後、売上が安定したところでCMや広告費用などの初期投資を回収することで、十分に利益を確保することができました。

しかし、昨今は商品のライフサイクルが非常に短くなり、CMや広告を打ち切ったあたりですでに商品の売上も頭打ちとなり、投下コストの回収が思うようにいかないケースも多いのが実情です。しかも、若者層のテレビ離れもあり、CMを見て商品を買うという動機づけも、いまは昔の話になりつつあります。

その中で高額なギャラを払って人気タレントやスポーツ界のスーパースターなどを起用してCMや広告を打つのは、そうしないとバイヤーに振り向いてもらえないという固定観念があるからでしょう。

## ◎モノやＣＭではお客さんの心に届きづらい

いまはモノをプレミアムにしても、ＣＭなどを打っても、購買動機にはつながりにくくなり、お客さんの心には届かなくなっている時代です。

そんな時代にあって、これまでのモノやＣＭなどに代わるのが、お客さんに参加していただいて成り立つキャンペーンやイベントであり、そんなキャンペーンやイベントを通して得られた「ナカマ・ミカタ」たちからの情報収集と拡散なのです。

# 第8章

# 業界・社会が抱える問題は付加価値になる

## 目の前の問題や課題が最強の「付加価値」に!?

### ◎逆転の発想で、問題や課題を付加価値にする

セミナーやコンサルティング時に「値上げはブランド価値になる」と話をすると、

「ウチは小規模な会社なので、大企業などと同じような考え方ではうまくいきませんよ」

「地方の小さな町にある会社ですから、人口も少ないし都会のように意識の高い層が多いところとはワケが違うんですよ」

といったような返答をいただきます。

ところが、第1章でも述べたように、いまの値上げ問題は「コスト高」が原因で、そのコスト高は都会か地方か、大手か中小かに関係のない「社会問題」が原因です。

社会の中に根本原因がある以上、大企業だろうと中小企業だろうと、また、大都市圏でも地方でも、克服しなければならない課題は同じ。向き合わなければならないこと、切り

込んでいかなければならないことにも、変わりはありません。

社会課題の中でも、例えばSDGs、サステナブル経営、脱炭素社会という国を挙げての目標達成のために行政や自治体から求められていることは、都市も地方も、大企業も中小企業も皆、等しく共通しています。

ところが、こうした課題への対応には経費や時間がかかり、企業にかかる負担は半端ではありません。そのため、大都市の大企業も地方の中小企業も、皆、同じように……などと言うと、よりネガティブなことを言われてしまうのです。

「そういうことは大企業に任せておけばいい。小規模の会社がやることではありません」

「人を助ける前に、助けてほしいのは弊社のほう」

「ウチの会社自身が〝持続可能〟かどうかわからないときに、社会の、人さまの未来のためになんて、ムリです」

……などなど。

しかし、社会課題の対応にかかるコストを価格に転嫁できなければ、企業は持続不可能に陥ります。ここは逆転の発想で、「問題や課題を、むしろ付加価値にする」と考えてみてはいかがでしょう。

換言すれば、「社会課題に対応することで、そこに新たな付加価値を見いだしたり、つくり上げたりする」ということです。

## ◎「不完全」「一部だけ」も中小では武器になる

大都市や大企業のようにはできないと言われる裏には、

「やったところで、たいしたことはできない」

「きちんとできずに中途半端に終わってしまいそう」

という観念にとらわれていることがあるようです。

しかし、第3章で見てきたように、何も完全無欠・完璧である必要はありません。壮大な目標に向かっていかなければならないわけでもありません。

まず、それぞれの身のまわりに転がっている問題、目先の課題を見つけ、向き合ってみることから始めてみる。そして、その問題や課題の解決を「付加価値」に変えるのです。

地方の企業や小規模な会社や事業者が、むしろ自分たちで課題を見つけて価値に変えている例もたくさんあります。

ここではそのような例を紹介していきましょう。

# 循環型のサステナブルファッションへ

## ネキスト「UpcycleLino」プロジェクト

### ◎脱ＯＥＭに向けて自社ブランドを立ち上げる

㈱ネキストは１９５０年創業の縫製メーカーで、セレクトブランドのＯＥＭ受注、つまり他社ブランドの製品を製造するＯＥＭ事業をメインに据えていました。しかし、ＯＥＭゆえに逃れられないのが、価格競争やコストダウン競争、納期のスピード競争です。

ファストファッションの台頭や海外生産品の増加によって、こうした競争が激化し、ネキストのようなＯＥＭ企業は、短納期で薄利の商品しか受注できなくなっていました。

そして事業そのものが立ちゆかなくなる危機感が、いつ現実になってもおかしくない局面に立たされたとき、この会社が下した決断は、自社ブランドを立ち上げることでした。

実際のところ、いくら泥沼競争にあえいでいたとしても、ゼロからブランドを立ち上げるほうがよほど大変なはずです。しかし、あえてこのような決断をした背景には、ネキストが長年積み上げてきた技術力やノウハウに対する誇りと自信がありました。

さらに、当時、縫製メーカーと同様に苦境にあった国内の製糸業者や機織《きしょく》メーカー、染色業者、さらに綿や麻といった天然素材を生産する農家なども含むサプライチェーンと、志をともにする強力なパートナー体制を築くことができたからでした。

「自信のある本業の縫製で、高品質にこだわる日本の産地の生地を使い、長年にわたり蓄積してきた型紙のノウハウを活かし、天然繊維のみの着心地にとことんこだわったブランドで勝負してみよう」

その決心から間もなく、2005年にレディースファッションブランド『nest《ネスト》 Robe《ローブ》』を、そして『nest Robe』が軌道に乗った2009年にメンズブランドの『CONFECT《コンフェクト》』を立ち上げました。

## ◎自社ブランドを立ち上げたからこそ見えてきた社会課題

新しい自社ブランドで実際に服を製造するようになってあらためて認識したのが、この業界が抱える数々の問題や課題でした。

例えば、売れ残った商品の焼却処分問題、製造過程で大量に発生する二酸化炭素や汚水の問題など。環境重視の流れとは逆行するような課題を多数抱えたファッション業界は、国際的にも上位の環境汚染産業として問題視されていたのです。

ネキストでは、こうした問題・課題に真摯に向き合い、企画から製造工程・販売に至るまでの環境負荷を最小限にとどめるエコ化に向けて、取り組みを実行してきました。

その過程で、一筋縄ではいかない問題・課題も見つかりました。それは、生地の30％もの裁断くずが発生すること。この裁断くずは当たり前のように廃棄処分されます。

しかし、ネキストが誇る高品質生地の3割以上が捨てられるのは、もったいない話です。同社の事業本部長も、もったいないし、生地にも申し訳ない気持ちになったと言います。

また、可能な限りのエコ化からも、裁断くずをなんとかできないか、廃棄処分にしないですむ方法はないかと模索する日々が続きました。

そしてついに、裁断くずを反毛し、再度紡績《ぼうせき》して糸に戻す。その糸を製織《せいしょく》すること（編《あみ》立《たて》）でできた生地から服を製造するというアイデアを発案するに至ったのです。

「反毛」とは、尾州地域（現在の愛知県一宮市周辺）で行われてきた再生ウール技術のこと。ウール製品や毛布などを刻んでひっかき、元の原毛に戻す技術ですが、静電気を帯びやすいウールやポリエステルなどは糸に戻せても、静電気を帯びにくい綿や麻に応用するのは難しいとされてきました。

しかし、数十年のつきあいのある取引先の仲介で、天然素材による反毛再生糸の開発を行っている企業と縁ができ、ネキストの高品質の生地から出た裁断くずで試験してもらったところ、良質の糸に戻すことに成功したのです。

こうして、裁断くずのアップサイクル事業の「UpcycleLino《アップサイクルリノ》」が生まれました。

## ◎アップサイクルで、素材のよさを証明する

現在では、自社ブランド『nest Robe』や『CONFECT』の商品の多くがこの「UpcycleLino」による生地を使用、薄手の生地を使ったカットソーから厚地のデニムまで、取り扱いアイテムも豊富に揃えています。ファストファッション全盛の時代、どのブランドも決してお手頃な価格ではありませんが、それぞれ人気を博しています。

『nest Robe』の実店舗は、『nest Robe』や『CONFECT』といった自社ブランド製品に加え、セレクトブランドの取り扱いも行い、東京の表参道や渋谷、吉祥寺、自由が丘、丸の内など、国内外の著名ファッションブランド店が軒を連ねる一等地に5店舗を構えて

ネキストの「UpcycleLino」プロジェクト

います。

さらに名古屋、大阪、神戸などの大都市、その他の地方都市を含め、国内に計16店舗、海外（中国）に2店舗を展開するまでに成長しています。オンラインショップもあります。

アップサイクル製品は、素材（生地）の生産に多大な時間とコストがかかるため、一般的には価格が高いのですが、「UpcycleLino」の製品は他の自社製品と同様の価格帯に抑えることができています。

というのも、コンスタントに一定量を動かすことにより、機械稼働のムラをなくせるため、生地の納品価格も割高にならずにすんでいるからです。

それだけ「UpcycleLino」による商品がコンスタントに高い売上を続けているわけです。

## ◎疲弊する日本の繊維産地の応援が付加価値に

人気の秘密は、「UpcycleLino」を着用することで、ネキストがこだわり続けた国産繊維製品の本当の良さ、つまり天然素材を活かした着心地のよさを実感できることです。

また、疲弊する日本の繊維産地の応援や環境問題への取り組み（＝「ちょっといいコト」をした気分になれる）につながることも、重要なポイントです。

これらはまさに、いまの時代における商品の付加価値。ネキストでは、業界が抱えている問題・課題の解決の試みを商品の付加価値に変えたのです。

そして、課題を付加価値に変える際にネキストが行ったのは、長年積み上げてきた優れた縫製技術や型紙のノウハウを活かすこと。自社の原点にあるもの、もともともっていた自社の〝宝〟から付加価値を生み出していったのです。

# 隠れ食品ロスの解消と地元農家支援で大人気

## えひめ活き生きファーマーズ『ベジソルト』

### ◎捨てられてしまう野菜や柑橘類に新たな「価値」を見いだす

「もったいなさ」を付加価値に変えた例としては、食品ロスも大きな社会課題です。消費期限までの日数が一定基準を切ったとたんに在庫を一斉処分したり、食べ切れずに捨てたり、家庭の冷蔵庫の中で忘れ去られた挙句に捨てたりなど、まだ食べられるのに廃棄されてしまう食品、いわゆる食品ロスは、国内で毎年約612万トンにものぼると推定されています。

しかし実は、この数字には含まれず、人知れず廃棄処分にされている食品があります。出荷されず流通されずに廃棄される農産物で、「隠れ食品ロス」と呼ばれています。

生育不良で標準的な大きさより小さい、形がゆがんだり曲がったりしている、色づきが悪いなどの理由で、「規格外」「B級品」として市場には出せない野菜や果物は、それぞれの農家が処分します。
そんな野菜や柑橘類に新たな「価値」を見いだし、大ヒットとなったのが、『ベジソルト』。乾燥させた野菜や柑橘類を細かいパウダー状にしたものに、塩を混ぜた商品です。

## ◎野菜も塩も地元産にこだわる

『ベジソルト』は細かい塩粒一つひとつに野菜や柑橘類の微粉末が絡むように混ざり合い、見た目はそれぞれの野菜や果物そのままの色で、実に鮮やか。

なめてみると、たちまち野菜・柑橘類の風味が口の中に広がります。種類も豊富で、ホウレンソウ、ニンジン、大葉（青じそ）、カボチャ、ムラサキイモ、ミカン、レモン、ユズなどがあります。

小さなガラス瓶に詰まった、さまざまな野菜・柑橘類の豊富な色のバリエーション。並べてみると、色鮮やかな宝石の小箱をいくつも積み重ねたような見栄えとインパクトがあります。一瓶40g入りで500円からと値段は高めながら、贈答品としての人気も高く、グルメ塩ブームに乗り、野菜嫌いの子どもに食べさせたい、野菜の栄養を手軽に補いたいといった家庭のニーズを背景に売上を伸ばしています。

えひめ活き生きファーマーズ『ベジソルト』

製造しているのは、愛媛県西予《せいよ》市の、えひめ活き生きファーマーズ㈱。原料である野菜(vegetable)のベジと塩(salt)をくっつけたストレートなネーミングですが、「ベジ」はオール愛媛県産、「ソルト」は愛媛県今治市の北東部、瀬戸内海に浮かぶ小さな島・伯方島《はかたじま》名産の「伯方の塩」を使うなど、地元愛媛にこだわっています。

## ◎低温乾燥させ地元産の塩と調合
## ——『ベジソルト』開発物語

『ベジソルト』がどのように生まれたのか。えひめ活き生きファーマーズでは、地元の契約農家から規格外の野菜や柑橘類を、A級品の5〜6割くらいの値段で買い取っていました。その野菜・果物を薄くスライスし、60〜70℃の温度で16〜17時間かけてじっくり低温乾燥させます。

低温乾燥させた野菜・果物は、生の状態に比べて1〜4割程度の重量になりますが、栄養成分が損なわれることはなく、むしろ凝縮され、栄養価は高くなります。しかも常温で1年以上の長期保存が可能といいことずくめです。

「こういうアイデアというのは、ひょんなところから思いつくものなんですね」

と、えひめ活き生きファーマーズの元屋地真悟《もとやじしんご》社長は話していますが、そのアイデアをひとつ加えることで、規格外野菜・果物に幾重もの価値が生まれたのです。

規格外野菜を使うことから食品ロス問題の解決につながり、環境にも配慮したエコ商品。長期保存ができて栄養価も高く、しかも野菜・果物本来の味と色とりどりの美しさを楽しんで、喜んでもらえる――。

『ベジソルト』の企画・開発は、近隣の農家の方から元屋地社長のもとに、食べてくださいと大量のB級ニンジンをもち込まれたことから始まりました。この農家の畑では、例年、収穫した野菜の10〜15％が規格外として市場に出荷できない状態でした。隣近所に配ろうにも、どこも農家で同じように規格外の農産物に頭を悩ませています。

そこで元屋地社長のところにもち込んだのですが、元屋地社長は、大のニンジン嫌い。山と積まれたニンジンを目の前にして、その活用法について懸命に頭をめぐらせ、考え抜いた末にたどり着いたアイデアだったそうです。

元屋地社長には、アイデアの下地もありました。2018年7月の西日本豪雨の際、多くの農産物が流されたり大量の土砂や水に浸かったりした悲惨な状態を目の当たりにし、農家の方からも「売り物にならなくなったこれらの農産物をどうしたらよいのか」と相談を受けました。そこで、日持ちして保存ができるようなものをつくれないかと考え出されたのが、低温乾燥野菜でした。

災害後、畑の場所を移した農家も少なくなく、元屋地社長は規格外野菜に新たな価値を生んで、地元の農業を支えたいという思いを抱くようになり、規格外野菜を活用する活動を続けてきて、先の農家との新たな出会いがあったのです。

農家の方たちにしてみれば、廃棄していた農作物を買い取ってもらえると経済的にも助かるだけでなく、来年も頑張ろうという励みにもなります。この土地でこれからも農業を続けていこうというモチベーションにもなるのです。

また、えひめ活き生きファーマーズの契約農家になっているホウレンソウ農家の方は、売れないとわかっていても、保有している畑をフルに使ってホウレンソウをつくり続けているのは「畑を殺さないため」と言います。

売れない野菜を廃棄するもったいなさもさることながら、農地を活かさず放っておくのももったいない。それに、畑を休ませ、手入れしないでいると、雑草がはびこり、害虫や病原菌の発生源にもなりかねません。

『ベジソルト』という商品に込められた元屋地社長の願い。地元の農家の方たちの農家としての矜持《きょうじ》や「農作物をつくる」ことへの真摯でひたむきな思い。こうした人たちの思いが『ベジソルト』に秘められた最高・最強の付加価値なのです。

# 「無用の長物」が「皆を幸せにする」銘菓に

## GOOD NEWS『バターのいとこ』

### ◎大量に生まれる無脂肪乳をなんとかしたい

栃木県は那須高原を中心に、北海道に次ぐ生乳の生産地です。その那須高原にある小さな牧場が生んだ小さなお菓子が大きな反響を呼び、地元が誇る那須銘菓になっています。それがいまや地元だけでなく、知名度もファンも全国区となり話題を呼んでいます。『バターのいとこ』というそのお菓子もまた、「食品ロス」問題解決の賜物です。

バターは生乳からつくられますが、実は、1リットルの牛乳からバターをつくる場合、使われるのは水分も含めた全成分のわずか4％程度。牛乳パックによく「乳脂肪○％」という表記がありますが、その○％の乳脂肪からバターがつくられるということです。

乳脂肪を除いた残りは、無脂肪乳ないし脱脂乳、あるいはスキムミルクと呼ばれます。脱脂乳はかつて小学校の給食で牛乳の代わりに使われることもありました。無脂肪乳から水分を除去して粉末状にしたスキムミルク（脱脂粉乳）が大手乳製品メーカーから一般家庭向けにも市販されていますが、零細な酪農農家が参入するには難しい市場です。

無脂肪乳は原材料として使う食品メーカーなどに向けた業務用として取引されているのですが、非常に安値で買い取られるため、採算的な厳しさがあります。

そのような中で、㈱バターのいとこ（現在は㈱GOOD NEWS）の宮本吾一《ごいち》社長は那須高原の森林ノ牧場という生乳の生産者から、

「那須高原の地元の美味しい牛乳から良質のバターをつくって世の中の食卓を豊かにしたい。けれど、生産過程で大量の無脂肪乳ができてしまうので、困っている」

と相談を受けました。そこでひらめいたのが、無脂肪乳からお菓子をつくって販売することでした。

では、どんなお菓子をつくるのか。そのヒントとなったのが、フランス北部リール地方の伝統的な銘菓「ゴーフレット」です。リール地方のゴーフレットは、凹凸のある薄い生地の焼き菓子に、フルーツジャムやホイップクリーム、メープルシロップやハチミツを載せ、地方ならではの、また季節ならではの果物を添えて食べるのが定番です。

このフルーツジャムに代わり「ミルクジャム」を、それもバターをつくった後の副産物

## GOOD NEWS の『バターのいとこ』

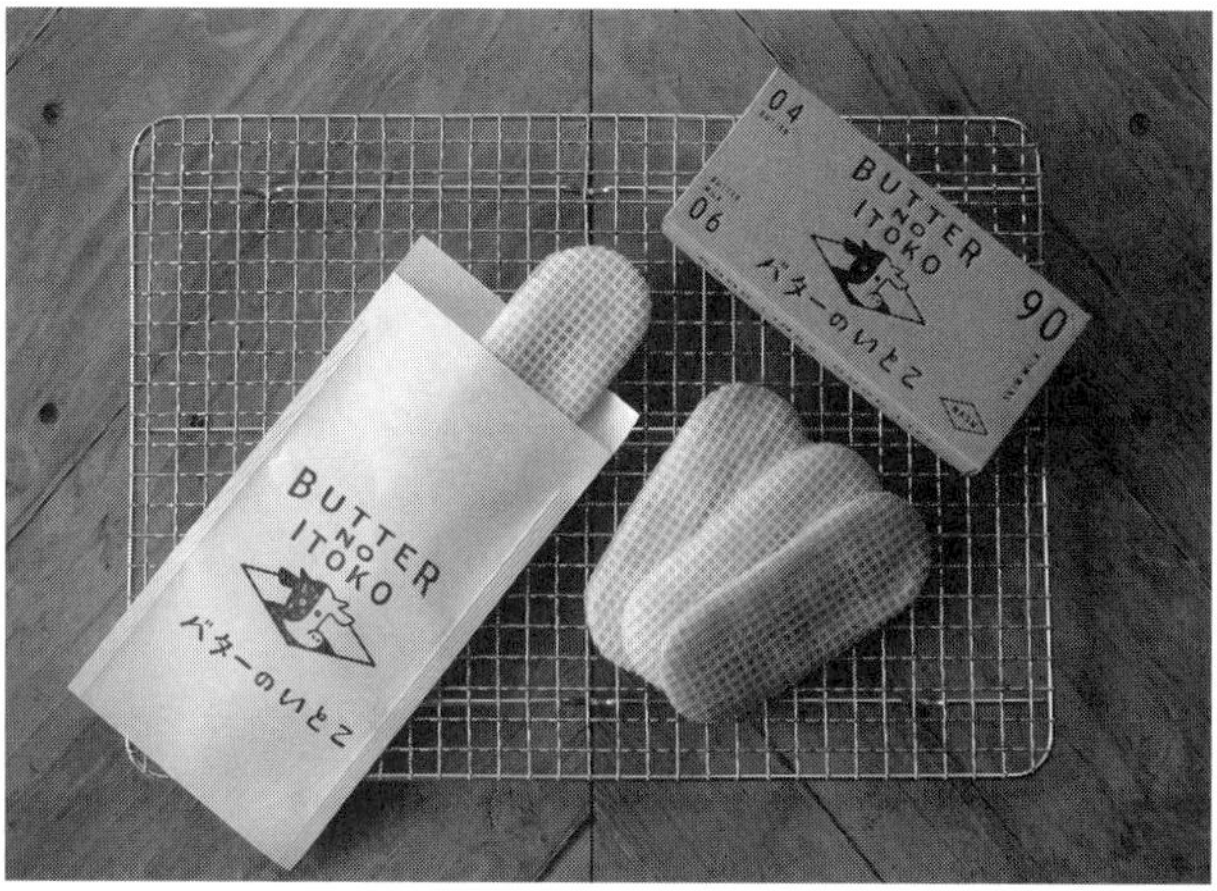


である無脂肪乳からつくった、那須高原ならではのジャムをはさんだお菓子が『バターのいとこ』です。

このように名づけたのは、本質的な名前にしたいと思ったからと、宮本社長は語ります。日本屈指の生乳名産地で、バターづくりでは避けられない、行き場のない無脂肪乳をどうするかという地域課題を価値に変えたお菓子にふさわしい名称です。

バターを中心に見れば処理に困るものでも、バターの原材料となる乳脂肪分も無脂肪乳も同じ牛乳から生まれた兄弟姉妹のようなもの。乳脂肪から生産したバターと無脂肪乳から生産したスキムミルクジャムはいとこ同士で、その価値に優劣はありません。

『バターのいとこ』によって、それまで隠れて見えなかった価値が見えるようになったのです。

## ◎皆が幸せになれるお菓子とは？

『バターのいとこ』に秘められた価値は、それだけではありません。宮本社長がめざしているのは、皆が幸せになれるお菓子。食べる人も、生産者も、地域の仲間も、観光客も、地元に暮らす人も笑顔にするお菓子です。

その一環として、GOOD NEWSでは、地元の主婦層や約35名の障がい者がスタッフとして働き、地域雇用にも一役買うなど、地域に密着し地域に貢献する企業として、地元からの高い支持・信用を得ています。

# 地域貢献でファンができ、SNSで全国に価値が伝わる

## ◎人の心を捉える背景を伝えていく

『バターのいとこ』に限らず、多くの地元の銘菓・名産品は、全国から観光に訪れたお客さんが買って帰り、お土産にもらった人が笑顔になってくれれば、という考えだったでしょう。ところが、誕生のストーリーや販売の意気込みなどを知り、価値のあるものだとわかると、またたく間にSNSなどの口コミで広がり、オンラインショップには日本全国から注文が殺到します。

都内のデパートでポップアップキャンペーンを行うと、首都圏以外からも、

「普段はオンラインショップから買っているけれど、店頭に並べられているところや生産者の方たちも見たくて、デパートに足を運びました」

という熱心なファンもいます。

こんなに全国的にファンが増えたのは、おいしさ、品質の良さはもちろんですが、その背景にあるものに心惹かれるからです。

それは、おいしさや品質のよさの秘密であったり、誕生までのストーリーであったりします。そういったことがオンラインショップや自社サイトの商品紹介などに盛り込まれ、共感をおぼえてもらえれば、その商品を買ったことのない人でも、買ってみようかと購入動機になります。

買ってみて商品にも魅力を感じ、ファンになったなら、その商品と背景をセットにしてSNSで発信、拡散し、さらにファンが広がるという仕組みが、いまはでき上がっているのです。

## ◎「なんとかしたい」という真摯な思いを土台に

第1章で、「コスト上昇」の主な要因は「社会問題」がその背景にあることを述べました。それは世界規模の話だけでなく、地方や業界が抱える問題も同じです。

本章で紹介した企業は、地方や業界が抱える問題を「むしろ付加価値にする」と考えてみることで、高付加価値の商品・サービスを生み出すことができることを、証明してくれています。

そこには、地域や業界の抱える問題をなんとかしたい、なんとかしようという真摯な思いがあることは間違いありません。

それとともに、これまでの章で述べてきた「小さな取り組み」であっても、「透明性をもって、誠実に」伝えることで、確実に「ナカマ・ミカタ」を増やしていった成果でもあるのです。

# 第9章

# 価値を生み出す原石は、すべての会社がもっている

## 「らしさ」の追求は「原点回帰」から

### ◎「価値」は必須。でも、どう具現化していけば……

ここまで、コスト増・値上げ時代にマーケティングの参考になる、さまざまな企業の成功事例を紹介してきました。

価格が高くても、値上げをしても、消費者に買ってもらい、買い続けてもらえる商品やサービスとは？　それらを提供するメーカーや流通業者であるためには？

その問いの答えは、買ってくれる人にとって、その値段を払うだけの価値がある商品・サービス・企業であると感じてもらうこと。それに尽きます。

ところが、その価値を理解してもらうために自社では具体的に何をすればよいのか。差別化ではなく差異化を自社の商品・サービス、ビジネスでどのように具現すればよいのか。なかなかイメージが描けないという人も少なくありません。

そもそも自社の商品・サービスに顧客や取引先を引きつけるどんな価値があるのか、どんな付加価値をつけられるのかが見えないでいる人もいるかもしれません。

しかし、安心してください。これまで自分たちのビジネスに真摯に取り組み、続けてこられた企業であればどこでも、差異化を生み出す自社の強みは必ずあるはずです。

それは、その企業「らしさ」と言い換えることができます。

## ◎原点に立ち返って社員全員で「らしさ」を探求する

この「らしさ」を追求するにあたっては、まず、そもそも自社の「らしさ」はどんなところにあるのかを明確にする必要があります。

創業者の思いや企業理念、事業目標が商品・サービスに反映されているなら、また、自社の商品・サービスでこれだけは他社の追随を許さないと誇れるものがあるのなら、「らしさ」をそこに求めることもできるでしょう。

とは言っても、その「らしさ」がなかなか思いつかなかったり、社員によってバラバラだったりすることが多々あります。

自社の「らしさ」が社長、経営層から中堅・若手の社員にいたるすべての人たちに共有されているかどうかは、非常に大きな問題です。

経営層が「我が社のめざすところは〇〇〇である」と確固たる信念をもっていても、

それが現場の社員に浸透していなければ、商品・サービスの企画開発や販売・営業の現場でひずみや乖離《かいり》が生じてしまいます。

## ◎「付加」や他社と比較にとらわれず「自社のお宝探し」を始めよう

付加価値、すなわち価値を「付加する」という言葉にとらわれて、「らしさ」を具現する商品・サービスを新たに企画・開発したり、新たな取り組みを始めたりしなければならないと考えてしまいがちですが、これも要注意です。

経営に余裕があり、予算的にも無理することなく新しい商品・サービスや新しい取り組みを展開できるのならそれでもよいでしょう。

しかし、限られた予算や時間の中でより効果的な新規事業や新たな取り組みを行うのであれば、いままでやってきた路線の延長線上にあること、何らかの関連性があるビジネスを展開すべきです。そのほうが顧客や消費者の支持も受けやすく、成功の可能性も高いからです。

つまり、現在すでにあるもの・すでにやっていることの中に、価値や強みや魅力を発見することが大事で、自社をもう一度振り返り、見つめ直してみる必要があります。

「付加価値」は自社の中にある

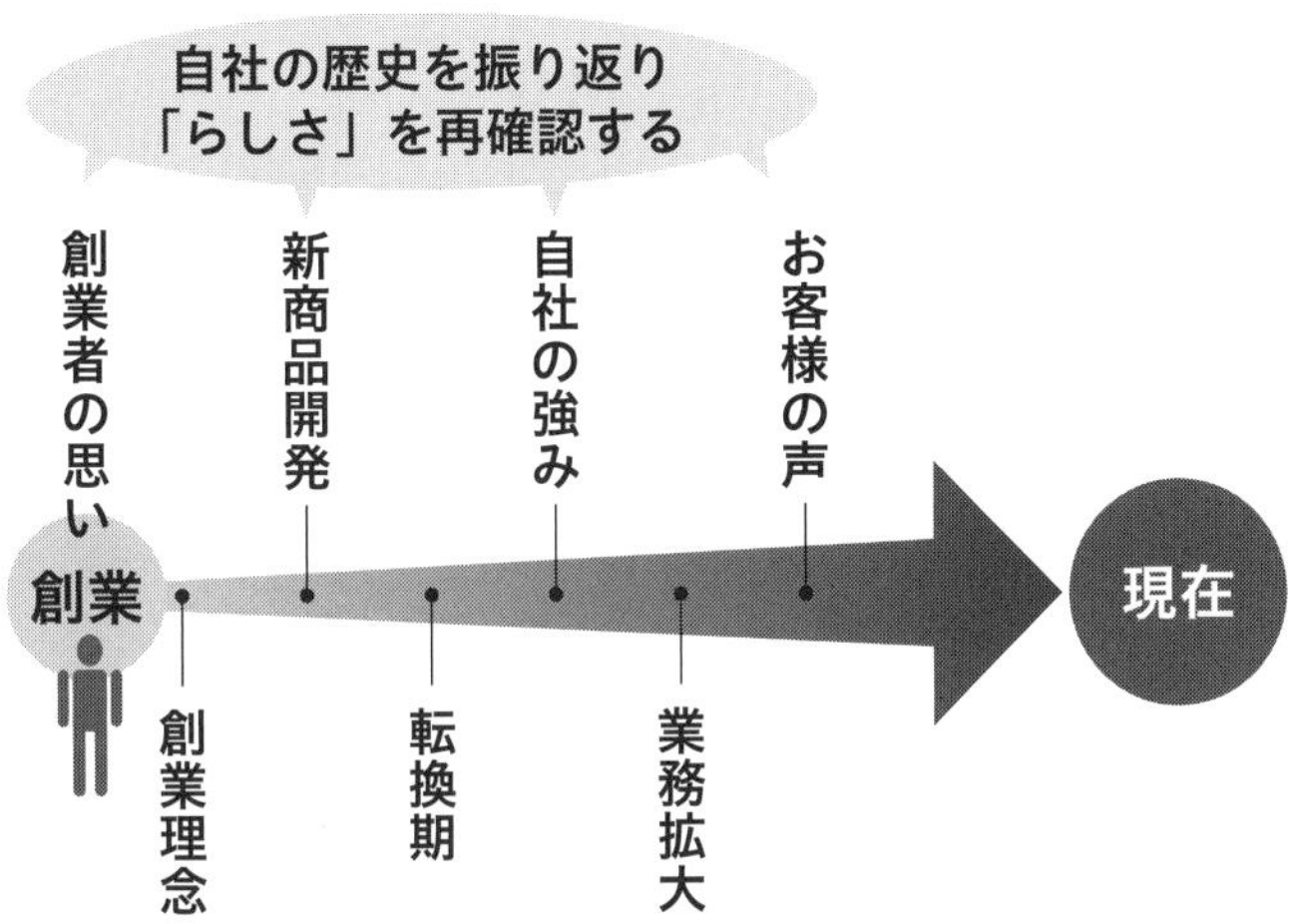


このとき、ついつい他社と比べたり、自社のことをネガティブに捉えたりすることもやってはいけません。

価値や強み、魅力を見つけるはずが、他社に比べるとウチの会社は○○の点で劣っている・遅れていると考えると、前に進めなくなるからです。

そのような事態に陥らないためには、「すでにもっている価値に気づいていないだけ・伝えられていないだけ」「すでにやっていることを価値に変換できていないだけ」という視点から、会社の中を探してみます。また、会社の中だけでなく、サプライチェーン全体を見渡してみるとよいでしょう。

さらに、現在だけでなく、自社の過去にさかのぼって、創業時から現在に至るまでの歴史をひもといて探してみると、発見の可能性はいっそう広がります。

いまこそ、原点回帰のときなのです。

こうした「自社のお宝探し」によって得られたものは、自社に対する誇りや自信にもつながります。その誇りや自信がまた、自社の新たな宝、価値になるという好循環も生まれます。

では、自社の過去を振り返ったり、いまを見つめ直したりしながら、自社の「らしさ」を再認識・再発見し、社員全員でそれを共有して未来につながる価値に変換していくことに成功した例を見ていきましょう。

## 売るのは「ふとん」か、それとも「快適な眠り」か

### 西川の「For S Project」

◎選び抜かれた素材と革新的な技術で付加価値を提供

寝具メーカーの西川㈱は、室町時代の1566（永禄9）年に創業、450年以上の歴史をもつ老舗中の老舗です。ルーツは同じながら旧・西川産業（東京都）、旧・西川リビング（大阪府）、旧・京都西川に分かれていた3社が、2019年に経営統合して発足したのが、現在の西川㈱です。

西川の羽毛ふとんと言えば、1枚十数万円と高価格で売られているものもあることをご存じの方もいるでしょう。ホームセンターや量販店では1万～2万円前後で買えるものもあるのに、ケタ違いの価格です。なぜそれほど高い値段がつけられるのでしょうか。

西川の羽毛には、「目覚めた羽毛『+2℃』」というタグのついた商品があります。これは、西川独自の加工技術によって羽毛ふとんの保温力が約2℃ほど向上することから

ネーミングされたものです。

選び抜かれた原毛に、革新的な技術による加工を施し、羽毛の特性を最大限に引き出し、羽毛ふとんの機能を極限まで高めたファンクショナル・ブランドnishikawa DOWN『+2℃』。こうした西川の羽毛ふとんと、そうでない羽毛ふとんが10万円以上の価格差を生んでいるのです。

西川では、睡眠科学やライフサイエンスの視点から、寝具の進化をサポートし、時代とともに変化するライフスタイルや環境問題にも応えることを目的に、1984年に日本睡眠科学研究所を設立しました。

この研究機関で、どうしたら人は深く、より快適な睡眠を得られるのかを追究すべく、産・官・学のエキスパートたちが共同研究を行っています。

このような研究を背景に、高い技術力、選び抜かれた素材から生まれた最高の品質がブランド価値を裏づけ、高めていることは間違いありません。

西川の羽毛ふとんの価値は、西川が「よく眠り、よく生きる。」というフレーズに象徴される企業理念のもと、450年という歴史の積み重ねのうえに、よい睡眠を追求し、革新し続けることを使命としているところにあります。

西川の「For S Project」

言い換えれば、西川では、ふとんを売るのではなく、「より快適な睡眠を届ける」ことを第一義としているのです。

## ◎SDGs17の目標に独自にひとつ加えて価値を鮮明化

西川の商品を取り扱っているのは、百貨店の寝具売場、ボランタリーチェーンを構成する小売の寝具店などです。言ってみれば街の寝具店が、量販店の10倍以上もする高価格の羽毛ふとんを売っています。

しかし、そうであっても、百貨店のバイヤーとの商談では、

「もっと価格を安くできないでしょう

か」

と言われることも少なくありません。

また、西川では羽毛ふとんのほかに、米大リーガー・大谷翔平選手をイメージキャラクターに起用し、日本睡眠科学研究所の知見を生かし、最新の睡眠科学を取り入れた『エアー（A・i・R）』というマットレスも、主力商品のひとつとして販売しています。

このような価値を伝えるために、西川は取引先の百貨店バイヤーや街の寝具店のオーナーを招いた商品展示会を行った際に、一計を講じます。

現在、国連で採決されたＳＤＧｓの開発目標は17項目あります。そこに西川は「18番目の項目」を独自に設定し、その効果を謳《うた》ったのです。

西川が行った展示会のテーマは、「75億の眠りで、世界を変えていく」です。このテーマに込めた思いは、世界中のすべての人に快適な眠りを届けたいということです。その思いをアピールするために打ち出したのが、18番目の項目、「すべての人に快適な睡眠を」という目標でした。

西川が扱っているふとん、マットレス、枕、毛布、ベッドなどの寝具や寝具用カバー類、タオルなどの商品には、ＳＤＧｓ17の目標のいずれかが該当するものも多くありますが、オリジナルの18番目の目標は、どの商品にももれなく当てはまります。

西川では、自社の価値をアピールするために、SDGsをうまく利用したとも言えます。このユニークなアイデアは、訪れた百貨店のバイヤーや寝具店のオーナーたちに少なからぬサプライズとインパクトを与え、仕掛けとしては大成功でした。

こうしてお客さんの興味を引きつけたうえで、18番目の目標を達成するために、日本睡眠科学研究所の活動をはじめ、西川のこれまでと将来の取り組みを大々的にアピールをしたのです。

## ◎お客さまの反応が営業担当者を突き動かした

意外なことに、高い価値のアピールが最も刺さったのは自社の営業担当者でした。

それは展示会の日、営業担当者は、取引先のバイヤーやオーナーたちの強い反応を目の当たりにして、自社のメッセージがバイヤーやオーナーに確かに伝わっていることを肌で感じたからです。そして、営業担当者を中心に、

「こうした取り組みに、自分たちももっと関わらせてほしい」

という声が上がり、〝社内ムーブメント〟へと発展したのです。

そこで新たに発足したのが、「For S Project」です。「For S Project」のSは、Social、Sustainable、Smile、Sleepを意味しています。このプロジェクトがめざすのは、「すべての人に快適な睡眠を」「眠りで健康を実現する」ことです。そのためのミッションとして、

①世の中へ睡眠の情報を届ける
②作る責任としてのサスティナビリティ
③無駄をはぶく

を掲げています。具体的な活動として、例えば、②、③関連では製品に使われた羽毛をリサイクルしたり寄付をしたりするなどの取り組みがあります。

もちろん、こうした取り組みは、SDGsの目標達成、社会貢献につながり、それが企業の価値を高めることにつながります。ですが、このようなプロジェクトの発足を通して得られた最も大きな収穫は〝社員の意識の変化〟なのです。

大事なのは、ふとんの価格が安いか高いか、また機能がどうかといった問題ではありま

せん。それよりも、自分たちの会社は何を売っている会社で、どんな価値を届ける仕事なのかを社員の間で再認識し、共有できたこと。いわゆるインナーブランディングに成功したということが、何より大きかったのです。

展示会に訪れた百貨店のバイヤーや寝具店のオーナーたち、そして社員一人ひとりが西川のふとんのあるべき原点をあらためて顧みて、営業や商談の場で何を売るべきか、誰に売るのかを明確にする機会にもなりました。

もう少し価格を下げれば、もっと売れるのでは……という考えを払拭し、西川が売っているのはふとんではなく、「快適な睡眠」であること、快適な睡眠という価値を買ってくれるお客さんがメインターゲットであることが、百貨店バイヤーや寝具店オーナー、西川の社員の共通認識になったのです。

# 繊維の循環システムで企業理念を体現

## サンウェルの見本帳循環システム

### ◎サーキュラー コットン ファクトリー（CCF）に参画

大阪市に本社を置く㈱サンウェルは、テキスタイル（生地）からアパレル（衣服）、リテール（販売）までを一貫して担い、消費者目線を重視したファッションビジネスを展開する繊維商社です。

そのサンウェルでは、「想いを〝生〟かす　豊かな〝地〟球へ。」をテーマにSDGsへの取り組みを進めています。

豊島㈱が実施する「ORGABITS」の例でお伝えしましたが、繊維業界は廃棄物が多く、それが大きな社会問題になっています。その社会問題に対して、より上流にある繊維商社が廃棄物を削減する活動を始めました。

サンウェルにとってのお客さんは多種多様の生地を扱う企業です。サンウェルはそれら

サンウェルの見本帳循環システム

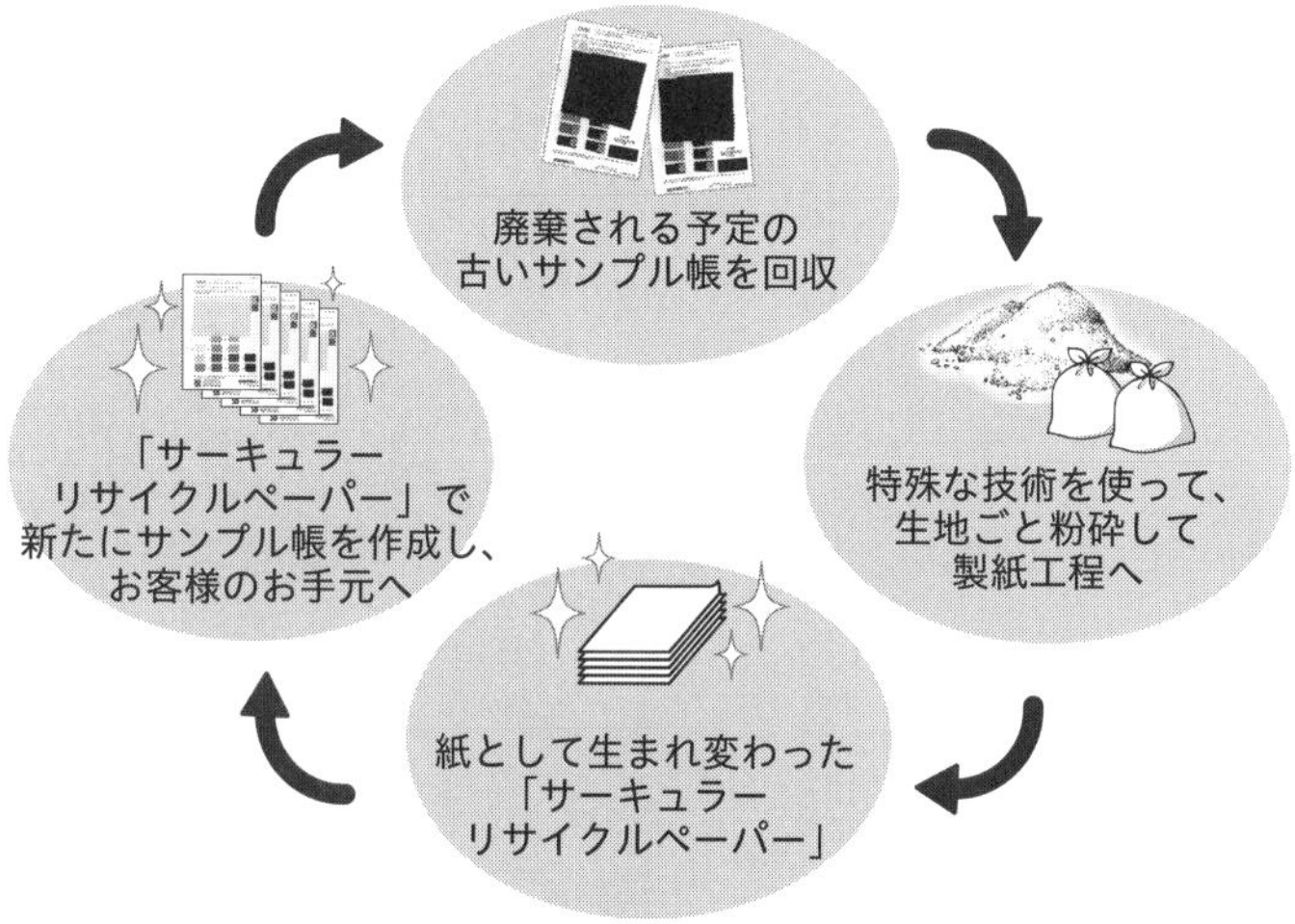


の多くの顧客に対して、毎年約１００万枚の生地見本帳をばらまいてきましたが、その多くは使用後には廃棄されてきました。その生地見本帳を必要なときに必要な量を注文いただくようにし、廃棄物にせず、サーキュラーエコノミーペーパーとしてよみがえらせ、再び見本帳台紙にして循環させるようにしました。同社ではこのサイクルを見本帳循環システムと呼んでいます。

この仕組みはまったく独自に行っているというわけではなく、もともとはサーキュラー コットン ファクトリー（ＣＣＦ）という一般社団法人が取り組んできたものです。ＣＣＦでは、繊維に関わるすべてのプロセスで排出される繊維ゴミを回収して紙に再生させる「繊維の循環システム」を社会実装しています。そのシステムに見本帳循環システムという名称で、自社サプライチェーンでの繊維ゴミの回収サイクルを乗せました。

今日、それは事業から派生する取り組みのひとつではなく、サンウェルが他の同業者とは差異化できるサービスそのものになっています。

## ◎自信にみなぎる営業担当者

サンウェルはもともとSDGsが広く喧伝《けんでん》される前から、CSRの一環として繊維の再生などに取り組んできました。

また、サンウェルでは障がい者がデザインした生地づくりを行っています。これもSDGsが広く喧伝される前から行っていることです。

同社の社訓（企業理念）に「社業の繁栄を以て各自の生活の向上を計り社会に貢献しよう」という一文があります。

今泉治朗《いまいずみじろう》社長はこの原点に立ち返り、自社の存在意義とこれからの事業のあり方を見極めてきたと語ります。加えてSDGsが声高に言われるようになり、より積極的に、全社的に推進していくようにしました。そして、その自社の原点を社員ともしっかり共有するようにしたのです。

このような取り組みによって何が大きく変わったのか。まず営業担当者が自信をもって商談するようになりました。

生地の展示会でも、見本帳循環システムの取り組みを営業担当者がイキイキとしてお客さんに伝えています。大阪で展示商談会を開き、続いて東京でも開催することになったのですが、大阪の展示会ではつけていなかったＳＤＧｓバッジを急きょ用意し、東京の商談会では胸につけて商談したそうです。これも営業担当者からの強い要望があって実現したことでした。もちろん障がい者のデザインした生地づくりも充実し、パラリンアートとしてブランドになってきました。

営業担当者がまず、このような自社の仕組みについて深く理解していないと自信をもって商談することはできません。そして、深く理解しているからこそ値段の交渉になりにくくなります。何より、弱腰ではない強い商談ができるようになるのです。

これまで社会課題・問題の解決に一番遠い存在だったかもしれない営業担当者が、社会課題の解決に目を向けるようになったのです。

# 社員は最強のアンバサダーになる

## ◎ブランディングとは過去から現在、未来への「らしさ」の追求

未来に向けて持続（存続）可能な企業であり続けるためには、社会に対して価値を生み続けることが欠かせません。そのための手段のひとつが、自社の「らしさ」を追求し、その「らしさ」を自社の存在価値に、また自社商品・サービスの価値に転換すること。いわゆる「ブランディング」です。

そして、この自社らしさの追求のために、自社の企業理念や、商品・サービスを通して社会にどんな貢献をしようとしているのか、そのめざすところをあらためて再確認することも大切です。

あるいはまた、自社の歴史を振り返り、創業者の思いや創業の動機、創業時から現在に至るまでに先人たちがどのようなものを積み上げてきたのか、つないできたのかをひもといていき、「原点回帰」することもときに必要です。

その過程で、また結果として、社員に自社に対する誇りと自信が生まれ、モチベーショ

ンが上がるという効果が期待できます。

## ◎ブランディングからインナーブランディングへ

自社の企業理念やブランド価値を社員に周知・浸透させることを「インナーブランディング」と言います。インナーブランディングなしには、せっかくのブランディングも機能しない、無意味なものに終わってしまいます。

どんなに素晴らしい販促企画を立てようが、どんなに見栄えのする広告をつくろうが、どんなにインパクトの強いCMを流そうが、実際に売っている人たちが楽しくイキイキと売っていなければ、お客さんには刺さりもしなければ響きもしないので、売れないのです。

自社商品・サービスの価値を熱く語る営業担当者がいて、また西川の例で言えば、そのような営業パーソンの語りをさらに販売店がお客さんに伝えることによって初めて、価値を売るビジネスが成り立つのです。

もちろん、そのビジネスの土台になるのは、売ろうとする商品・サービスに誇れる価値があるのは大前提です。

しかし、その価値を売るにあたって、それが仕事だから仕方なく商品を並べ、上から指示されたからやりたくないけれどプロモーション活動を行うのと、商品・サービスが販売する本人にとっても「推し」だからお客さんにお勧めするのとでは、雲泥の差があります。

営業・販売に限らず、やらされているからやるのではなく、やりたいからやるという気持ちが重要になります。

また、その「推し」の商品・サービスを購入したお客さんから良い評判を得られれば、それがさらなる自信と誇り、やりがいとモチベーションにつながっていくという好循環が生まれてきます。

「ミカタ・ナカマ」になってくれるお客さんは心強いアンバサダーにもなってくれますが、最強のアンバサダーになり得るのは、自社の社員です。

社員が強力なアンバサダーになってこそ、お客さんがその後に続いてくれるのです。

# 終章 値上げを付加価値に変える7つのメソッド

## ◎うちの会社、うちの事業、うちの商品をあらためて見直す＝リ・ブランディング

数々の事例を挙げながら、値上げをしてもお客さんが離れなかった商品や会社の事例を挙げてきました。

本の題名は『売れる「値上げ」』ですが、値上げをしても売れる理由は、値上げを付加価値に変えたからです。

しかもこの付加価値は、例えば新しい機能や成分を付加したり、新技術を開発したりすることではなく、うちの会社、うちの事業、うちの商品・サービスを、あらためて見直すことで、魅力や強みを再発見し、再認識し、そして再構築することによって得られたものです。

本書を書くにあたって、あえて使わなかった言葉があります。

「リ・ブランディング」という言葉です。

横文字でいかにもコンサルが使いそうな、わかったようなわからない言葉だという印象

を読者の皆さんがお持ちになると思ったからです。

しかし、値上げを付加価値に変えることを一言で言い表すと、リ・ブランディングなのです。

リ（Re）は、再発見、再認識、再構築の「再」です。

ブランドは、他との違いを明確にすること。

現在進行形であるingは、社員の皆さんが、うちの会社、うちの事業、うちの商品・サービスに、自信と誇りをもって毎日仕事「している」状態のことです。

ここまで見てきた事例は、値上げを付加価値に変える、まさにリ・ブランディングです。

私は、値上げを付加価値に変えるための7つの方法（メソッド）を提案しています。

7つの方法とは、

**①創業・理念・沿革・本業の価値を見直す**

**②変換・換算する**

**③参加・参画しやすくする**

④最小限でも公表する
⑤地域・業界の問題こそ付加価値だと認識する
⑥使った後を見せる
⑦ストーリーを伝える

ということです。

実は今回、本書で取り上げた事例は、すべてこの７つ（正確には６つ）のどれかに該当しています。

第９章で取り上げた西川とサンウェルは、「①創業・理念・沿革・本業の価値を見直し」、あらためて再認識したことで、社員が自社の商品や取り組みに自信をもち、営業現場から会社全体にまで良い影響をもたらした事例です。

情報過多で大競争時代の現代にあっては、どうしても競合社など他社のほうが優れているように見えてしまいます。それに比べて「自分の会社は遅れている」「へたくそ」「上はわかっていない」「若手は考えも動きも鈍い」となりがちです。

しかし、創業者の思い、先人たちが積み重ねてきた歴史、理念や社是の意味をあらためて知ると、「うちの会社も捨てたもんじゃない」「たいしたもんだ」という認識にがらっと変わります。

そんな新たな認識を多くの社員がもつことで、強い会社風土ができあがります。

強い会社ほど値上げにも強いということなのです。

「②変換・換算する」ことで成果を出した事例が、ニチバン『セロテープ』です。

『セロテープ』は、70年以上前に発売された商品です。商品の性能も特徴も大きく変わっていません。しかも商品価格がプラスチック（OPP）テープに比べて高いことが、大量に透明テープを使用する流通小売業ではマイナスでした。

それを流通小売企業1社が『セロテープ』に切り替えると、どれぐらいの$CO_2$を削減できたかを換算し、HPで公表することによって、直接的なコストアップにつながる『セロテープ』への切り替えを、$CO_2$を削減するSAFF（Small Action For The Future）に「③参加・参画する」という意味に変換したのです。

そのヒントになったのは、第4章で紹介した大川印刷のHPでした。

日本を見渡すと、規模の大小や業種にかかわらず、社会や環境問題に対して良い影響をもたらす取り組みをしている企業がほとんどで、HPなどではさまざまな削減量や好影響をもたらした数字が並んでいます。

しかし問題は、その数字を見てもピンと来ないことです。

だから、自分が買うこと・使うことが影響する数字に変換・換算することで、ピンと来なかった数字に、ジブンゴト化できる意味や価値が生まれます。

経営者の方と話をしていると、影響や効果が小さいことをデメリットと考える傾向が強いことに気づきます。「これっぽちのことしかやっていないのに、いかにもやっているように見せている」という考え方です。

しかし、大きな成果を声高らかに伝えるよりも、まだ成果は小さいですが、「できることから」「ここから始めました」と伝えるほうが、「協力したい」「応援したい」「いっしょに参加したい」と、人は好意的に受け取ります。

それが第３章のネスレ日本の『キットカット』であり、豊島「ＯＲＧＡＢＩＴＳ」プロジェクトの事例であり、「④最小限でも公表する」ことが価値になるということです。

私は地方でセミナーやワークショップをすることが多いのですが、そこでよく言われるのは「うちは地方だから」「うちは中小企業以下だから」「東京でやっていること、大企業がやっていることは参考にならない」というものです。

ところが、第8章のネキスト「UpcycleLino」、えひめ活き生きファーマーズ『ベジソルト』、GOOD NEWS『バターのいとこ』、第6章のSEVEN THREE.『金魚真珠』の事例は、まさに中小企業が地方の問題、業界の問題を付加価値に変えたものです。

地方や業界などが抱える問題は、ともに解決を目指す姿勢を打ち出すことで、「応援したい」「協力したい」「参加したい」という付加価値になるのです。

第7章のオリオンビールと湖池屋のキャンペーンの事例は、いまの消費者が価値や魅力だと感じるものは、モノに代表される「景品」ではなく、社会問題や地域の問題に「参加」することでこそプレミアム感が得られることを象徴しています。

## ◎「使った後を見せる」ことも、リ・ブランディングにつながる

7つの方法のうち、「⑥使った後を見せる」は本書で紹介できなかったので、少し説明します。

プラスチックを容器や包材として大量に使うメーカーは、日本にも数多くあります。2019年にEUでプラスチックに関する規制や取り組みが強化されたこともあり、日本でも「プラスチックは悪」というイメージが強くなってきました。

しかしプラスチックは、密閉性・保存性に優れていて、衛生的で安全で、しかも軽くて安いというメリットがあります。さらにリサイクルもできるため、すべてが悪ではありません。

ところがあるメーカーで「若い社員の最近の退職理由に『プラスチックを大量にばらまいている会社だから』というのがあって困っています」と苦笑しながら担当者が話されたことがありました。

私は「貴社の商品をユーザーが使った後、プラスチックの容器がどこへ行っているのか、社員の皆さんはご覧になったことはありますか?」とお聞きしました。それに対して「私

もないので、ほとんどないと思います」という答えでした。

実はプラスチックはさまざまにリサイクルされています。使用した自社商品が捨てられた後、誰がどのような工程でリサイクルをしているのかを実際に現場で見ると、その印象は大きく変わると思っています。私自身がそうだったからです。


それは和歌山市にある資源リサイクルセンター・㈱松田商店の視察がきっかけでした。同社の松田多永《たえ》社長は言います。

「リサイクル業界は、あまり外に見せない業界で、においもあるし、汚いというイメージ。ですが、お金儲けのためではなく、本業の延長線上で、何か世の中の役に立つことをしたいという想いがずっとありました」

そこで、松田社長は「くるくるシティ」という、環境問題の深刻さやリサイクルの現状を演劇で見せて、子どもたちが楽しく、わかりやすく勉強できる施設をつくったのです。

松田社長は続けます。

「『くるくるシティ』の見学施設を建てたのは約15年前。見学コースや内容は、社員で工夫して少しずつ手を加えていきました。予算が限られている分、アイデア勝負です。口コミで広がって地域の小学校から見学依頼が入るようになりました」（一般社団法人ソーシャルプロダクツ普及推進協会の企業訪問インタビュー・2019年10月18日）。

評判が評判を呼び、いまでは地域や近隣県の小学生にとどまらず、中国の子どもたちや外国の大使までが見学に来るようになりました。

外から見ると典型的な３Ｋ（臭い・汚い・危険）の職場イメージですが、こうした取り組みによって、見学に来た子どもが大学卒業後に松田商店に入社したり、小学校の先生になって子どもたちを引率して見学にきたりしたことを松田社長からお聞きして、奇跡のような話に感動しました。


松田商店を紹介してくださったのが、回収された使用済みPETボトルからつくった再生フェルトのオリジナルブランドを製造販売している合同会社Ｗａｔａｓｈｉｂａの鍋谷安弘社長でした。

鍋谷社長のブランドの一つ「フェルレ」が、２０１６年のソーシャルプロダクツ・アワード特別賞を受賞したことがきっかけで、「一度自分たちの商品の素材を供給してくれている会社の工場を見てほしい」と紹介されたのでした。

サステナビリティを考えるとき、サプライチェーンに目を向けることは多くなりましたが、使った後の「サーキュラーチェーン」にも目を向けると、意外と知らなかった世界に、思わぬ発見や気づき、感動があるものです。

松田商店の松田社長や社員の皆さんの思いと仕事ぶりを見れば、「プラスチックをばらまいている」という言葉はきっと出ないし、それが理由で退職することもなくなると思います。

そして、うちの会社、うちの事業、うちの商品・サービスを、見直すきっかけになるはずです。

最後に重要なことが「⑦ストーリーを伝える」ことです。

それは、いかに魅力的に価値あることとして伝えるかということで、そのことは第6章のシチズン時計『シチズン エル』、SEVEN THREE.『金魚真珠』、サラヤ『Happy Elephant』の事例をご紹介した通り、人は「What」よりも「Why」「How」「Who」に共感します。

また第5章で紹介した「顧客をファンからナカマにしてミカタにする」ことこそ、中小企業や地方の企業だからできることです。

例えば、特定のチャネルでしか販売されていないことは価値になります。特定のファンだけが購入できることが魅力になります。人気で売り切れてしまうことが話題になります。これらはすべて中小企業だからこそできること、強みです。

## ◎値上げを付加価値に変えることで「三方よし」のビジネスに

コストが社会問題・環境問題への活動量だとするならば、本来は社会全体で負担していくべきものです。

だからこそ、歯を食いしばって価格を維持したり、値下げをしたり、爪に火をともすような経費削減ではなく、値上げを付加価値に変えることで、売り手よし、買い手よし、世間よしの三方よしの商売にすべきなのです。

日本の企業は、他社との比較による差別化ではなく、自社がもっているもの、やっていることから、魅力や価値を引き出し、自信をもってアピールしてほしいと思います。

最後に、本書を出版するにあたり、事例の紹介に協力してくださった各社担当者様に御礼を申し上げます。また特別寄稿をしてくださった江口泰広先生に感謝申し上げます。そして出版にあたり尽力して下さった青春出版社の皆さま、スタッフの皆さまにお礼申し上げます。

原稿づくりや出版に際して様々なサポートをしてくださった、㈱ＹＲＫ and、(一社)ソーシャルプロダクツ普及推進協会のメンバーの皆さま、どうもありがとうございました。

特別寄稿

# コスト上昇時代、企業は選ばれ続けるためにどうすべきか

学習院女子大学名誉教授・マーケティング戦略論
一般社団法人ソーシャルプロダクツ普及推進協会会長
江口 泰広

常に新たなマーケティング理論を提唱している顕学《けんがく》P・コトラーは、共感・共創を通じた社会価値を重視した新たな経済へのパラダイム・シフトが必要であるとして、2012年にCSV（Creating Shared Value：共通価値の創造）という概念を提起しました。

これは企業が自社の競争力を高めながら、同時に社会的課題を解決することを通じて、企業の経済的利益と社会的価値を同時に追求・実現しようとする企業行動を意味します。

ソーシャルプロダクツという言葉を聞かれたことがあるでしょうか。それがまさにこのCSV概念にあたります。（一社）ソーシャルプロダクツ普及推進協会（APSP）のソーシャルプロダクツの定義は次の通りです。

「ソーシャルプロダクツとは、企業および他の全ての組織が、生活者のみならず社会のことを考えて作りだす有形・無形の対象物（商品・サービス）のことで、持続可能な社会の実現に貢献するものである」

本書ではいろいろな企業事例が紹介されていますが、これらに共通している活動はほとんどがソーシャルプロダクツ（活動）そのものです。

では、ソーシャルプロダクツは企業活動にとってどのような戦略的意味をもつのでしょうか。ごく簡単にまとめておきましょう。

## ◎〝選ばれ続けるため〟の最前線活動

時代を超えて、企業の不変のテーマは存続し続けること（going concern）です。企業が存続するためには競争力を高めて勝ち抜いていかねばなりませんが、これは表現を換えれば、企業の最大の戦略テーマは〝選ばれ続けるためにどうすべきか〟ということです。

選ばれ続けるための視点の一つは、市場で強固なポジションを確保することでしょうが、そのために企業は商品やサービスを通じて、時代や市場・顧客に対して常に新たな価値提案・価値創造をすることが求められます。

社会課題解決型のソーシャルプロダクツは、まさにそのための最前線の活動になります。

## ◎関係性構築のトリガー（引き金）

価値創造、価値提案といいますが、価値とはなんでしょうか。そしてそれはどこにあるのでしょうか。

たぶんメーカーは高機能、高品質の技術や商品を価値というでしょう。小売りや流通業はきめ細やかで丁寧・迅速なサービスを価値ということでしょう。

しかし残念ながら、たとえどんなに優れた商品やサービスであろうと、その価値を評価し、代金を支払って購入してくれる顧客がいなければ価値実現はできません。

同じ商品やサービスでも、顧客によって評価が異なることは周知のことですが、それは価値は顧客が決めるからです。

つまり、価値は商品やサービスと顧客との関係性の中にあるということです。

いま時代は環境問題、高齢化社会、医療・健康問題等々の社会的課題が山積しています。またESGやSDGs、サステナビリティなどへの関心が高まっています。

こうしたことを背景に、社会課題に高い関心をもつ人々が急速に増えています。特に若い世代にはそうした傾向が強いことを多くの調査が報告しています。

これは顧客が商品やサービスに求める条件の中に、価格や機能、特性もさることながら、社会性という新たな価値が重要性を増していることを意味しています。

つまり商品やサービスと顧客との関係性が変化しているのです。

ソーシャルプロダクツは、コトラーが指摘する共感・共創という新たな関係を通じた、既存顧客との関係強化および新規顧客獲得のトリガーとなります。

## ◎大義名分型マーケティング

これは見方を変えると、社会性意識が高くなっていく社会では、企業の考え方、あり方が大きな戦略的意味をもつことを示唆しています。

端的にいえば、企業の売りものは商品やサービスだけでなく、考え方やあり方も〝商品〟になるということです。

社会性意識の高い企業のイメージ、商品やサービスは顧客に好感を与え、共感をもたらします。

企業の考え方・あり方に共感した顧客は、単なる購買者ではありません。

共感は顧客を共創価値のパートナーとすると同時に、ファン、サポーター、アンバサダーという無料のインフルエンサー、つまり〝無料の価値伝達者＝営業パーソン〟という企業の強力な味方になってくれます。企業は勝ち抜くために商品やサービスを常に変化、進化させていかねばなりませんが、その特徴や機能だけで顧客に評価され続けるのは至難の業です。

しかし一貫した企業の考え方・あり方という姿勢は継続性があり、かつ進化させていくことができます。

これは安定した顧客確保・維持・創造に結びつきます。

ちなみに、戦いで勝つための戦略には大きく２つあります。

１つは戦い方のルールを変えることです。

ソーシャルプロダクツという新しい価値創造、顧客の商品やサービスの評価（購入）基準という、購買ルールを変化させることを意味します。

２つ目は敵を味方にすることです。

市場創造とは顧客という名の味方をつくることです。味方が多ければ多いほど強固なポジションを確保することができます。

ソーシャルプロダクツは社会課題解決という大義名分を基盤にしています。

大義名分に対して、「Ｎｏ！」という人はいないでしょう。

味方づくりには誰もが共感する大義名分が大きなドライビングフォース（推進力）となります。

大義名分型マーケティングは最強のマーケティングなのです。

## ◎ブランドとイメージづくり

こうした一連の活動は企業に独自性、顧客との新たな関係性、強固なポジショニングという成果をもたらし、結果的に企業のイメージを変えて、ブランド構築あるいはリブランディングに結びついていきます。

類似化社会の最大の切り札はブランドだといわれますが、ブランドは高級・高品質なラグジュアリー商品やサービスを扱う企業だけのものではありません。

明確な独自性とイメージが構築できれば、企業は業種業態・規模を超えてみなブランド企業になることができます。

ソーシャルプロダクツは、独自性と創造力とチャレンジ精神にあふれ、かつ社会性意識が高いという時代先端型企業のイメージとブランドづくりの有効な方法論の一つなのです。

こうした企業は人材確保が難しい時代に、人材確保の優位性も享受できます。

本書で取り上げた事例企業はまさにこうしたソーシャルプロダクツの戦略的意味をしっかりと認識できている企業だといえます。

強い企業と弱い企業、成長力溢れる企業と低迷企業、その企業力の差はどこにあるのでしょうか。

それは認識力にかかっています。

なぜなら〝認識は全ての戦略行動の原点〟だからです。

**江口泰広（えぐち・やすひろ）**
学習院女子大学名誉教授（専門はマーケティング戦略論）。一般社団法人ソーシャルプロダクツ普及推進協会会長、Fisher College（Boston,USA）名誉理事。流通論とマーケティング論を原点に、幅広く研究・執筆・講演活動を行っている。

## 著者紹介

**深井賢一**　リブランディングコンサルタント、事業コンサルタント、株式会社YRK and常務取締役東京代表、株式会社ウェーブ取締役。1989年4月 株式会社ヤラカス舘（現・株式会社YRK and）入社。リブランディングコンサルタントとして、メーカーのカテゴリーマネジメントやストアマーケティング、スーパーやドラッグストアなどの売場開発などを得意とする。2017年より、ソーシャルプロダクツのマーケットプレイスを運営する株式会社SoooooS.カンパニー取締役。2019年より一般社団法人ソーシャルプロダクツ普及推進協会事務局長として、ソーシャルプロダクツの適正な市場普及や、企業によるSDGsの本業化、サステナブルブランディングの導入に向けた、セミナー、研修、ワークショップ、コンサルティングに取り組んでいる。

売《う》れる「値上《ねあ》げ」

2024年10月30日　第1刷

著　者　深《ふか》井《い》賢《けん》一《いち》

発行者　小澤源太郎

責任編集　株式会社 プライム涌光
電話　編集部　03(3203)2850

発行所　株式会社 青春出版社
東京都新宿区若松町12番1号 〒162-0056
振替番号　00190-7-98602
電話　営業部　03(3207)1916

印刷　三松堂　　製本　フォーネット社

万一、落丁、乱丁がありました節は、お取りかえします。
ISBN978-4-413-23377-4 C0034